Histoire

DE

GÉORGIE

PUBLIÉE SOUS LA DIRECTION DE

M. Raphaël ISARLOFF

REPRÉSENTANT DES PROPRIÉTAIRES GÉORGIENS
ATTACHÉ OFFICIEL AU COMMISSARIAT GÉNÉRAL DE RUSSIE
A L'EXPOSITION UNIVERSELLE DE PARIS DE 1900

———— ❀ ————

APERÇU GÉOGRAPHIQUE

ET

Abrégé de l'Histoire et de la Littérature géorgiennes

PAR

M. A. KHAKHANOFF

Professeur.

PARIS   TIFLIS

LIBRAIRIE DE CHARLES NOBLET   LIBRAIRIE DE LA SOCIÉTÉ GÉORG.
13, RUE CUJAS, 13   DE LETTRES (RUE DU PALAIS)

1900

Droits de traduction et de reproduction réservés.

HISTOIRE

DE

GÉORGIE

Histoire

DE

GÉORGIE

PUBLIÉE SOUS LA DIRECTION DE

M. Raphaël ISARLOFF

REPRÉSENTANT DES PROPRIÉTAIRES GÉORGIENS
ATTACHÉ OFFICIEL AU COMMISSARIAT GÉNÉRAL DE RUSSIE
A L'EXPOSITION UNIVERSELLE DE PARIS DE 1900

———— ⊹ ————

APERÇU GÉOGRAPHIQUE

ET

Abrégé de l'Histoire et de la Littérature géorgienne

PAR

M. A. KHAKHANOFF

Professeur.

PARIS	TIFLIS
LIBRAIRIE DE CHARLES NOBLET	LIBRAIRIE DE LA SOCIÉTÉ GÉORG.
13, RUE CUJAS, 13	DE LETTRES (RUE DU PALAIS)

——

1900

Avant-Propos.

Dès que fut décidée l'ouverture, à Paris, de l'Exposition universelle de 1900, M. Raphaël Isarloff, l'un des membres de l'ancienne noblesse géorgienne, s'occupa activement de faire participer à cette grande manifestation internationale les propriétaires de son pays. Il fit paraître, dans ce but, un grand nombre d'articles dans les journaux et, au moyen d'avis et de brochures tirés à des milliers d'exemplaires, il fit comprendre à ses concitoyens quelle importance cette exposition avait pour leurs intérêts.

Pour les décider plus fermement à cette participation, aidé par M. le prince Lévan Djandiéri et M. Alexandre Bakradzé, conseiller d'État, qui lui prêtèrent leur dévoué concours, il fit de nombreux voyages dans toute l'étendue du Caucase. Ses démarches prirent un caractère officiel par suite de la nomination, par arrêté de M. le Ministre des Finances de Russie, en date du 11 novembre 1899, comme attaché au Commissariat Général de l'Exposition.

Pénétré de la grande marque de confiance que lui accordait le Ministre, et soucieux en même temps de représenter les propriétaires géorgiens, M. Raphaël Isarloff, dès son arrivée à Paris, s'adonna sans interruption à l'Exposition

*Universelle, dans la Section Russe, où est organisée la
division du Caucase, sous la Haute protection de* Son
Altesse Impériale la Grande-Duchesse Élisabeth
Féodorovna.

*Il jugea utile, à cette occasion, de publier en français
quelques données historiques, littéraires et scientifiques
sur la Géorgie, ce pays si intéressant, non seulement par
son avantageuse situation géographique et ses grandes
richesses naturelles, mais encore par son histoire, pleine
des faits les plus admirables de patriotisme et de civilisation. A cet effet, M. Raphaël Isarloff s'était adressé à
certains historiens, littérateurs et savants géorgiens.*

*Cet aperçu de l'histoire géographique d'un abrégé suc-
cinct politique et littéraire de la Géorgie, qu'il fait paraître aujourd'hui, renferme d'assez nombreuses illustra-
tions représentant des vues du pays et des célébrités de
l'histoire et de la littérature géorgienne.*

*Quelques dessins d'architecture et de sculpture d'an-
ciennes églises ont été insérés dans ce livre afin de donner
aux lecteurs une idée de l'art décoratif et de l'ornement
ancien en Géorgie.*

Aperçu géographique

DE LA

GÉORGIE

La partie de la Transcaucasie qui comprend les bassins du Tchorokh, de l'Ingour et du Rion, le haut plateau et le bassin central de la Koura jusqu'à son confluent avec l'Alazane, est occupée en ce moment par la race des Kartvels ou Géorgiens. Les provinces habitées par les Kartvels sont : la Karthlie (ou Kartalinie), la Kakhétie, l'Imérétie, la Mingrélie, la Gourie, l'Adjarie, la Lazie, la Meskhétie (ou Meskhie), la Svanétie (ou Svanie), la Pchavie, la Touchétie (ou Touchie) et la Khevsourie.

Tout ce territoire est divisé en trois régions parfaitement délimitées par des montagnes et des forêts : à l'est, c'est la vallée de la Koura ; au centre, la vallée du Rion et de l'Ingour ; à l'ouest, celle du Tchorokh. La différence de ces régions, au point de vue géographique, se fit naturellement sentir dans l'histoire de leurs habitants qui, malgré leur parenté ethnique, furent entraînés dans des évolutions politiques différentes.

Les bassins de l'Ingour et du Rion, peuplés par les Géorgiens occidentaux, sont entièrement séparés des bassins de la Koura et du Tchorokh par le Caucase, l'Anti-Caucase et la chaîne intermédiaire des montagnes Meskhètes. Les montagnes qui s'étendent parallèlement à la chaîne maîtresse du Caucase divisent à leur tour l'énorme isthme ponto-caspien en plusieurs parties dont chacune constitue un petit monde à part. La vallée où l'Ingour a sa source et qui forme un district administratif de la Libre Svanétie, nous offre une charmante oasis isolée, comme il y en a au Caucase. C'est un défilé étroit avec une série de paysages ravissants par la splendeur de leur végétation et la variété de leurs sites. Dans les défilés du Rion et de ses affluents, on ne rencontre plus les magnifiques tableaux qu'on admire sur l'Ingour, mais cependant on y trouve encore des endroits pittoresques.

Les principales rivières de ce bassin, le Rion et la Tskhe-nis-tskali (où l'on trouvait autrefois du sable aurifère), ont leurs sources dans les glaciers de Phasis-mtha; ce nom a beaucoup d'analogie avec celui de Phasis que les Grecs donnaient autrefois au fleuve connu maintenant chez les Géorgiens sous le nom de Rion. Les montagnes qui séparent le bassin du Rione de celui de la Koura s'étendent au sud et au sud-est de Souram et se réunissent à l'ouest à la chaîne du Lazistan.

Le Lazistan, arrosé par le Tchorokh, est un véritable Eden; les habitants de ce pays ont choisi des sites pittoresques pour bâtir leurs villages, ce qui prouve leur amour de la nature; ils ont toujours sous leurs regards un tableau magnifique: des prairies verdoyantes, des rochers escarpés, des courants rapides, des cascades, des bosquets et des chaumières dispersées çà et là dans un désordre pittoresque. Sous le rapport climatérique, la Transcaucasie appartient à la zone tempérée, la plus favorable à la végétation qui se distingue ici par son exubérance, la beauté et la variété de ses formes.

Abritées contre les vents desséchants du nord-est par la chaîne des monts Caucase, arrosées par d'abondantes pluies, diverses variétés d'arbres, arbres fruitiers compris, croissent ici sur les versants méridionaux des montagnes à une alti-

tude supérieure à celle des autres régions de la même latitude.
Ainsi en Svanétie, les noyers croissent à une hauteur de plus
de 5,400 pieds, la vigne à 3,400 pieds.

En somme, la végétation de la Transcaucasie ressemble à
celle du littoral de l'Atlantique en France et à celle de l'Europe centrale. Sur les bords du Rion, on cultive principalement le maïs ; en Lazie et en Adjarie, l'arbuste à thé ; en
Mingrélie, les oliviers et les grenadiers qui y forment des
forêts entières et donnent au pays l'aspect d'un vaste jardin.

Dans la Géorgie orientale, la ravissante vallée de l'Alazane,
de 120 verstes de long sur 45 de large est prédestinée par la
nature même à être un vaste vignoble. grâce à son doux
climat et à son terrain d'une prodigieuse fertilité. Les vins
de Kakhétie sont les meilleurs crus du Caucase et font concurrence aux vins étrangers. Mais la viticulture n'est pas la
seule occupation des Géorgiens orientaux ; ils s'occupent
aussi d'agriculture et d'horticulture ; surtout en Karthlie,
les habitants de la montagne font l'élevage du bétail (1). La
variété du climat et du sol de la Géorgie permet de cultiver
les fruits et les céréales les plus variés ; ses forêts et ses eaux recèlent quantité d'espèces d'animaux, d'oiseaux et de poissons.
Quant aux richesses minérales du pays, citons : la houille,
le manganèse, le naphte, des mines d'argent, de cuivre, de
fer, des eaux minérales thermales et potables, etc. Le bassin
des sources de la Koura est occupé par les Géorgiens orientaux Karthvels, qui ont donné le nom à la race tout entière.

A l'est du Souram, les Karthvels se confondent avec les
Imérètes et à l'ouest avec les Kakhètes qui occupent la vallée
de la Iora et celle de l'Alazan. Les confins de la Géorgie
orientale sont habités par des Géorgiens montagnards : les
Khevsours, les Pchaves et les Thouches. Les Imérètes occupent la Géorgie occidentale, les vallées du Rion et de la
Tskhénis-tskali. Les Gouriens peuplent le versant septentrio-

(1) La laine de Géorgie est bien connue sur les marchés d'Europe.

nal des monts d'Adjara ; le bassin du Tchorokh est habité par les Lazes ; les Svanètes (ou Svanes) se sont réfugiés dans les hauts défilés du Caucase.

A l'exception des Lazes, qui sont mahométans, presque tous les Géorgiens sont chrétiens du rite grec ; depuis le douzième siècle, beaucoup d'entre eux embrassèrent le catholicisme.

Au point de vue administratif, les Géorgiens occupent principalement les gouvernements de Tiflis, de Koutaïs et l'arrondissement de Zakatali. Le nombre des Géorgiens des deux sexes, y compris les Mingrèles, les Svanètes et les Adjars (à l'exception de ceux qui sont sujets persans ou turcs) est évalué à deux millions et demi.

La capitale de la Géorgie, sur les bords de la Koura (Koura, en géorgien Mtkvari) est Tiflis (Thbilissi), fondée au cinquième siècle et qui prit son nom du mot *thpili* (chaud) à cause de ses sources thermales (sulfureuses).

Parmi les autres villes de la Géorgie, les plus remarquables sont : Koutaïs, l'ancienne capitale du royaume d'Imérétie ; Thelav, ancienne capitale du royaume de Kakhétie ; Akhaltsikhé, centre de la Haute-Karthlie ; Gori, centre de la Basse-Karthlie.

Les plus importants ports de commerce sont : Batoum, Poti et Soukhoum-Kalé.

TIFLIS (TIFLISSI).

Origines

du royaume de Géorgie

SES PREMIERS ROIS

A en juger par les inscriptions qu'on trouve aux environs
du lac de Vane, en Asie-Mineure, et par les noms géogra-
phiques de cette contrée, les Géorgiens avaient autrefois
habité au sud-ouest du territoire qui devint plus tard le théâtre
de leur vie historique. Refoulés par les Arméniens et les
Assyriens hors des terres qu'ils occupaient, ils commencèrent
leur émigration vers le nord dès le septième siècle avant
Jésus-Christ et, en groupes ou familles séparées, vinrent se
fixer dans les vallées de la Koura, du Rion et de leurs affluents.

La souche légendaire des Géorgiens est attribuée à Karthlos, qui s'était établi sur les rives de la Koura, à son
confluent avec l'Aragvi. Il y fonda la ville de « Karthli »
qui, plus tard, donna à toute la province le nom de Karthlie,
aujourd'hui la partie occidentale du gouvernement de Tiflis.
Un autre groupe s'installa à Mtskhet, au bord de la Koura;
la fondation de cette ville est généralement attribuée à
Mtskhetos, fils de Karthlos. Etablis au milieu de forêts
vierges et de plaines ouvertes, les Géorgiens se divisèrent en
communes ou groupes séparés, dont chacun eut pour chef
un mamassakhlissi (*pater famillias*).

L'établissement des colonies grecques, au bord de la Mer-Noire, contribua au développement du commerce dans les bassins de la Koura et du Rion. Les ports de Dioscourias et de Phasis furent des centres de commerce importants, déjà célèbres à l'époque de l'expédition des Argonautes à la conquête de la Toison d'or en Colchide (aujourd'hui la Mingrélie). La Géorgie eut aussi des relations commerciales avec les Indes et avec l'Égypte, d'où (selon Hérodote) les Colkhis auraient émigré en Géorgie. Les relations pacifiques avec la Grèce, la Phénicie et la Perse furent interrompues, au troisième siècle avant Jésus-Christ, par l'invasion d'Alexandre le Grand. Ce dernier nomma, comme gouverneur de la Géorgie, un certain Azo qui accabla le peuple d'impôts exhorbitants. Sous le commandement de Pharnavaz, fils d'un mamassakhlissi de Mtskhet, tué par Azo, le peuple se révolta contre les étrangers. Pharnavaz fit alliance avec les souverains de la Géorgie occidentale, défit le gouverneur Macédonien et rétablit l'ancien régime. Ce héros, qui sut réunir les forces séparées des Géorgiens et délivrer le peuple du joug étranger, acquit une influence prédominante dans le pays et fut proclamé roi, c'est-à-dire premier d'entre ses concitoyens.

On attribue à Pharnavaz l'introduction du culte persan, du culte du feu, et de celui d'Ahouramazde ou Ormuzd, auquel une idole fut élevée sous le nom d'Armaz.

Pharnavaz fonda la dynastie des Pharnavazides, remplacée pour quelque temps par celle des Archakides en la personne du roi arménien Archac (Ier siècle av. J.-C.). Les guerres entre les représentants de ces deux dynasties furent opiniâtres; les Pharnavazides étaient soutenues par les Perses et les Archakides, par les Arméniens. Cet état de choses dura jusqu'au règne de Mirian qui fonda la troisième dynastie, celle des Sassanides, et porta la Géorgie à un très haut degré de développement social (IVe siècle), malgré les incursions des bandes nomades de Scythes, de Kosares et de Bolkars.

Du temps de Strabon, géographe du premier siècle, le

pays était couvert de grandes villes opulentes, où la sérici-
culture était prospère et d'où les tissus géorgiens étaient
exportés bien loin au-delà des limites du Caucase.

Enfin, sous le règne de Mirian, la Géorgie embrassa définitivement la religion chrétienne qui avait déjà commencé à
y pénétrer du temps des apôtres.

La tradition veut que l'Evangile ait été prêché dans la
Géorgie occidentale par l'apôtre saint André.

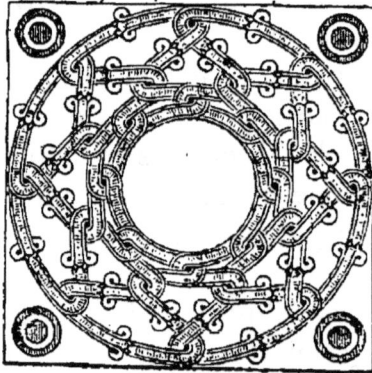

Introduction du Christianisme

ET

SES PREMIERS PROGRÈS EN GÉORGIE

La religion chrétienne fut introduite en Géorgie au quatrième siècle.

Le saint Evangile y fut prêché par sainte Nine, de la Cappadoce, fille de Zabilonne et de Suzanne, habitants de la ville de Collastra.

Nine avait douze ans quand ses parents vinrent s'établir à Jérusalem, où le frère de Suzanne était patriarche. Le père de Nine, fervent adepte du Christianisme, se fit ermite et se retira au désert sur les bords du Jourdain ; sa mère fut ordonnée diaconesse par les patriarches et se consacra au service des pauvres, confiant sa fille, pour deux années, aux soins de la pieuse Niamphore, arménienne de Dvineli. Cette dernière apprit à Nine que la tunique du Sauveur avait été emportée par un habitant de Mtskhet, en Ivérie, contrée païenne. La jeune fille s'enflamma du désir de convertir au Christianisme les Ivères, c'est-à dire les Géorgiens ; mais elle dut remettre pour quelque temps l'exécution de son projet pour aller prêcher l'Evangile à Rome. Venue ensuite de Grèce en Arménie, en compagnie de deux saintes femmes, Ripsinia et Gaïanée, persécutée par le roi arménien Terdate, elle passa en Géorgie et se réfugia dans les montagnes de Djavakhéthie (aujourd'hui district d'Akhalkalaki, gouverne-

SAINTE NINE

ment de Tiflis). De là, en suivant les bords de la Koura, elle arriva devant la ville d'Ourbnissi.

A Mtskhet, pendant une fête en l'honneur du dieu païen Armaz, sainte Nine, désolée de voir le peuple plongé dans les erreurs du paganisme, adressa à Dieu une fervente prière pour convertir ce peuple à la vraie religion. Cette prière fut exaucée : une tempête soudaine, très violente, s'éleva et abattit l'idole du dieu avec son temple. Cette manifestation du courroux divin frappa de stupeur le roi et le peuple.

Sainte Nine établit sa résidence dans un bosquet de tamarins où elle demeura trois ans (1). Elle se fit une croix avec deux ceps de vigne, qu'elle attacha avec ses cheveux, et commença à prêcher l'Evangile. Cette croix a toujours été à Tiflis.

Les miracles qui accompagnaient sa parole attirèrent sur elle l'attention de la reine Nana qui, guérie d'une grave maladie par une prière de la sainte, la fit venir près d'elle et devint sa fervente prosélyte. Peu de temps après, le frère de Nana et le roi Mirian chassant un jour dans la montagne s'y égarèrent et furent miraculeusement sauvés d'un danger imminent : surpris par une tempête pareille à celle qui avait détruit les autels d'Armaz, plongés dans une nuit profonde, en plein jour, ils ne durent leur salut qu'au Dieu de sainte Nine. Convaincu alors de la toute puissance de ce Dieu, le roi, après la chasse, alla trouver la sainte femme dans les tamarins et, versant des larmes de reconnaissance, se repentit sincèrement des mauvais desseins qu'il avait nourris à l'égard de celle que ses courtisans appelaient « la magicienne grecque ».

Résolu de se faire baptiser, le roi envoya sur-le-champ une ambassade en Grèce, pour demander à l'empereur Constantin un évêque et des prêtres. C'est avec une joie sincère que l'empereur lui envoya l'évêque Jean, qui baptisa le roi et son peuple à Mtskhet.

(1) L'église de Samthavro a été édifiée à cette place même.

Le nouveau converti fit bâtir un temple chrétien à Mtskhèt, d'après les plans de sainte Nine.

Un miracle eut lieu durant la construction de ce temple : on ne parvint à élever la septième colonne de l'édifice que lorsque Nine eut prié Dieu de venir en aide aux ouvriers.

On construisit encore des églises à Manglis, en Erouchetie, et la religion chrétienne se répandit dans toute la contrée. La Géorgie entre alors en rapports directs avec la Grèce et reçoit de cette dernière une partie de la Sainte Croix du Sauveur.

Le Souverain-Pontife adressa à sainte Nine une lettre d'éloges pour les services qu'elle avait rendus au Chritianisme.

Après avoir converti les habitants de Mtskhet, sainte Nine se retira dans les montagnes pour y prêcher l'Evangile. Mais les montagnards de Tsilcane et de Pkhovel se montrèrent moins disposés à embrasser la nouvelle religion. Epuisée par un si rude labeur, la sainte se retira à Bodbé, non loin de Signakh. C'est là qu'elle mourut l'an 338. On fonda près de sa tombe un couvent de femmes qui existe de nos jours.

La vie de sainte Nine fut écrite par ses adeptes et ses proches collaborateurs, d'après ses récits et ses témoignages.

Sainte Nine est honorée, en France, dans la Champagne, sous le nom de « sainte Chrétienne » (1).

L'histoire de l'introduction du Christianisme en Géorgie fut écrite par l'historien Roufine (IVᵉ siècle) et par ses continuateurs grecs : Socrate, Sozomène et Phéodorite.

A partir de l'an 332, c'est-à-dire depuis la conversion du roi Mirian jusqu'en 458, l'Eglise géorgienne fut soumise tantôt au patriarche de Constantinople et tantôt à celui d'Antioche. En 458, le patriarche de Constantinople Anatole, sur la demande du roi Vakhtang Iᵉʳ et du consentement de Léon Iᵉʳ le Grand, établit à Mtskhet un épiscopat

(1) Voir les ouvrages du baron de Baye sur la Géorgie.

MT SAMMET

BERTHAUD CO. SC.

indépendant. Le premier évêque de Mtskhet, le béat Pierre reçut le titre de *Katholikos* (1), et, en 488, fut reconnu comme tel par le patriarche Pallade d'Antioche.

Jusqu'en 542, les Katholikos d'Ivérie furent confirmés dans leur dignité par les patriarches d'Antioche, mais à partir de cette époque l'Eglise ivérienne fut reconnue autocéphale par l'édit impérial de Justinien Ier et avec l'assentiment du patriarche de Constantinople Mina et de tous les autres patriarches d'Orient.

L'indépendance de l'Eglise ivérienne fut confirmée plus tard par le sixième Concile œcuménique de Constantinople (680). On reconnut l'Eglise de Mtskhet égale dans sa dignité et dans son pouvoir à tous les sièges catholiques et patriarcaux et le Katholikos ivérien presque égal à tous les patriarches.

On conféra à ce dernier l'autorité suprême sur tous les archevêques, évêques et métropolites du royaume de Géorgie et de toutes les contrées l'avoisinant en Transcaucasie. Le Katholikos reçut aussi le droit de préparer et de bénir le Saint-Chrême dans son église. Les règlements du sixième Concile œcuménique furent traduits du grec par saint Evphimy (Euphème) d'Athos, au dixième siècle, comme le prouve un manuscrit recopié au onzième siècle par un certain Théodorite (Histoire de Bakradzé, 258). C'est à ces règlements que s'en rapporte le Katholikos Antoine dans l'acte inséré dans les « Goudjars ».

En 950, l'épiscopat de Mtskhet fut élevé au patriarcat ; ses pontifes reçurent le titre d'archevêques de Mtskhet, catholicos-patriarches d'Ivérie, de Karthlie et de Kakhétie. En 1783, après le traité conclu entre Catherine II et le roi de Géorgie, Iracli II, les Katholikos ivériens furent admis en qualité de membres du Saint-Synode de Russie. L'Eglise géorgienne avec tous ses domaines et leurs habitants devint une institution complètement indépendante du roi.

Le pouvoir épiscopal décidait toutes les questions rela-

(1) Patriarche.

tives aux serfs et aux biens fonciers des églises. Les évêques étaient les représentants suprêmes du pouvoir spirituel dans leurs évêchés et avaient droit de justice sur toutes les questions qui relevaient de la vie morale et religieuse du peuple. Le tribunal ecclésiastique admettait les témoins et le serment, comme on le voit dans les « Goudjars » (1); les décisions de l'Eglise étaient considérées comme définitives et ce n'est que par déférence qu'on les soumettait au roi, protecteur de l'Eglise contre les seuls ennemis du dehors.

Le Consistoire (XVIIIe siècle) était une institution de première instance qui fonctionnait sous la présidence du Katholikos; il avait le droit de déposer les membres du clergé qui n'avaient pas été ordonnés selon les canons ecclésiastiques. Mais quand des questions plus compliquées et plus importantes surgissaient dans la vie de l'Eglise, le Katholikos s'adressait au Concile dont les décisions étaient obligatoires pour toute la Géorgie. Il existe plusieurs documents relatifs à l'histoire de la Géorgie qui nous donnent une idée du caractère et de la compétence de ces conciles.

Sous le règne de David le Rénovateur (1089-1125), un concile fut convoqué pour réformer les mœurs du clergé et mettre fin aux désordres qui y régnaient.

Georges V, le Brillant (1318-1346), édicta des lois pour les montagnards; elles furent approuvées par le clergé et figurèrent plus tard dans le recueil des lois du roi Vakhtang VI. Les lois des Katholikos furent aussi établies par le Concile ecclésiastique; l'acte de Bigvine (récemment publié) achève de les compléter. A en juger d'après ces documents, le rôle du clergé à cette époque ne se bornait pas à la sphère religieuse, mais embrassait aussi le domaine judiciaire et moral de la vie du peuple.

(1) Acte de donation.

Aperçu
de l'histoire de la Géorgie

DEPUIS LE IVe SIÈCLE JUSQU'A LA FIN DU VIe

Mirian, le premier roi chrétien en Géorgie, fonda, comme nous l'avons déjà dit, une nouvelle dynastie, celle des Sassanides. Sous lui, la civilisation géorgienne, entravée jusquelà par les invasions des barbares, fit de rapides progrès.

Le Christianisme, introduit en 332, contribua beaucoup au développement général du peuple géorgien. Les relations continuelles avec Bysance mirent les Géorgiens en contact avec l'ancienne littérature grecque et leur ouvrirent les trésors de la civilisation chrétienne.

Ces liens avec l'Occident furent encore resserrés par le mariage du roi Mirian, veuf de sa première femme, avec Nana, fille du roi de Pont, la première prosélyte royale de sainte Nine. Nana se sentait tout naturellement entraînée par les souvenirs de sa patrie vers l'Occident chrétien plutôt que vers l'Orient païen; elle aida beaucoup sainte Nine dans la propagation des doctrines chrétiennes parmi les femmes géorgiennes.

Cependant le beau règne de Mirian fut terni par deux événements : l'invasion des Khosars, venus par les « portes de Derbent » (*Pylæ Albanicæ, Pylæ Caspiæ,* existe encore *Pylæ Darial*), et la guerre contre le roi arménien Mithridate.

Les historiens arabes du neuvième siècle assignent à l'invasion des Khosars en Perse les routes des défilés du Caucase où, du reste, des traces se voient encore de nos jours dans le district de Zakatali.

En se dirigeant vers l'Irane, les Khosars ne manquaient jamais l'occasion de ravager la Géorgie.

Dans la guerre de la Géorgie avec l'Arménie, la première était soutenue par les Perses et la seconde par les Grecs. Cette lutte prit fin par le mariage de Rève, fils de Mirian avec la fille de Trdate ; et Rève fut chargé de la gestion de l'Eristavat (1) de Kakhétie.

Bakar, fils de Mirian, continue l'œuvre de son père : l'extension du Christianisme en Géorgie.

L'historien Roufine fait mention de ce même Bakar, sous le nom de Bacourius. qui lui a dicté, à Jérusalem, l'histoire de l'introduction du Christianisme en Géorgie.

Dans la première moitié du cinquième siècle, on voit éclater, en Géorgie, une guerre acharnée entre le Christianisme et la pyrolâtrie, dont le chef même de l'église géorgienne, l'évêque Mobida, était un adepte.

Celui-ci répandait dans ses écrits des doctrines héréditaires. Le Christianisme eut enfin le dessus et, quelque temps après, parut la première traduction de l'Evangile en géorgien. Cependant, la pyrolâtrie se maintint encore longtemps en Géorgie, et même sous Vakhtang-Gorgaslan (V\ee siècle), il y avait encore à Mtskhet des mages d'Ormouzd.

Le roi Vakhtang, homme d'un caractère très énergique, leur fit une guerre acharnée. Ce fut un de ces rois actifs et entreprenants dont on prononce avec respect le nom étroitement lié au glorieux passé du peuple géorgien. Pharnavaz, Mirian, Vakhtang-Gorgaslan, Bagrate III, Bagrate IV, David le Rénovateur, la reine Thamar, Georges le Brillant, la reine Khétévan, Vakhtang VI, Iracli II, Solomon Ier et Solomon II, voilà les noms qui, après deux mille ans,

(1) Gouverneur de la région.

sont encore présents à notre mémoire et chers à nos cœurs.

La fondation du royaume de Géorgie, ainsi que les origines de la civilisation géorgienne, sont étroitement liées au nom du roi Pharnavaz. Six cents ans après celui-ci, c'est-à-dire au commencement du quatrième siècle, Mirian introduisit dans son pays le Christianisme et la civilisation de l'Occident : ces deux sources de lumières dissipèrent les ténèbres de l'ignorance où le peuple géorgien se trouvait plongé jusque-là.

La seconde moitié du cinquième siècle, voit apparaître sur la scène le roi Vakhtang-Gorgaslan, qui constitua un puissant royaume à la place du petit état de Karthlie qui ne se composait, huit cents ans avant lui, que de quelques territoires entourant Mtskhet. Pendant cette époque, la Géorgie eut à subir les invasions des Khosars, des Bolkars, des Arméniens et des Perses ; mais toutes ces terribles calamités, loin de l'affaiblir, ne firent que la fortifier physiquement et moralement, grâce au secours tout puissant de la nouvelle religion qui, éclairant de sa douce lumière les vallées de la Koura et du Rion, inspirait à leurs habitants de nouvelles vertus civiques.

Vakhtang-Gorgaslane porta la puissance de la Géorgie à son apogée ; l'imagination populaire rattache à son nom une quantité de récits fabuleux et l'élève au rang de sage administrateur, d'habile capitaine et de héros invincible.

Vakhtang, surnommé Gorgaslan, ce qui veut dire « loup-lion » (446-499), monta sur le trône à l'âge de sept ans. Profitant de sa minorité, le roi de Perse envoya à Mtskhet des mages. adorateurs du feu, espérant que leur présence en Géorgie suffirait à supplanter le Christianisme. La mère de Vakhtang, Sandoukhte, régente du royaume, était une fervente prosélyte de l'Évangile, et sous sa protection l'évêque Michel réussit à démontrer aux mages la fausseté de leur doctrine.

Vakhtang avait dix ans quand la Géorgie fut attaquée par les Osses, qui, après avoir complètement ravagé le pays,

emmenèrent prisonnière la sœur du roi, nommée Mirann-
doukhte. Vers la même époque, les Grecs occupèrent l'Abkhasie et une partie de la Mingrélie. Dans ces terribles circonstances Vakhtang, âgé seulement de quinze ans, prit
en mains les rênes du gouvernement. Doué d'un corps ro-
buste et d'un esprit pénétrant, ayant étudié l'art militaire
sous le général Saourmaga, et les principales doctrines chré
tiennes sous la direction de l'évêque Michel, il déclara
vouloir tirer vengeance des Osses Il se mit en campagne,
à la tête d'une nombreuse armée, et se dirigea vers le défilé
du Darial où, aux bords du Terek, l'attendaient déjà les
hordes des Osses et des Khosars. La bataille fut précédée
d un combat particulier dans lequel Vakhtang terrassa le
Khosar Tarkhane et l'Osse Bagatar. La défaite de ces vail-
lants chefs déconcerta les ennemis et Vakhtang remporta
sur eux une brillante victoire, ainsi qu'en témoigne une inscription gravée sur l'un des murs de l'église de Nouzala. Il
rendit la liberté à sa sœur et. chargé d'un riche butin, re-
tourna en Géorgie à travers l'Abkhasie.

Pour garantir son pays contre les invasions des Perses, il
épousa une princesse persane. Puis après avoir réprimé les
montagnards révoltés, Vakhtang tourna ses armes contre
les Grecs.

Vers cette époque l'Eristav de Lazie, Goubadzé, soutenu
par les Byzantins, espérant se faire nommer roi, se détacha
de la Géorgie, et se fiant à la minorité de Vakhtang, envahit
aussi la Svanétie

Le roi de Perse, beau-père de Vakhtang, offrit son concours contre les Grecs. Vakhtang accepta volontiers cette
offre, ayant encore présent à sa mémoire la détresse où les
Grecs avaient jeté son pays. Les troupes alliées assiégèrent
les villes de Karnou et de Pont. Voulant mettre fin aux hos-
tilités, l'empereur Léon conclut la paix, maria sa fille
Hélène à Vakhtang. lui restitua la Clardjétie et promit de
fonder un « catholicosat » (1), indépendant en Géorgie.

(1) Patriarchat.

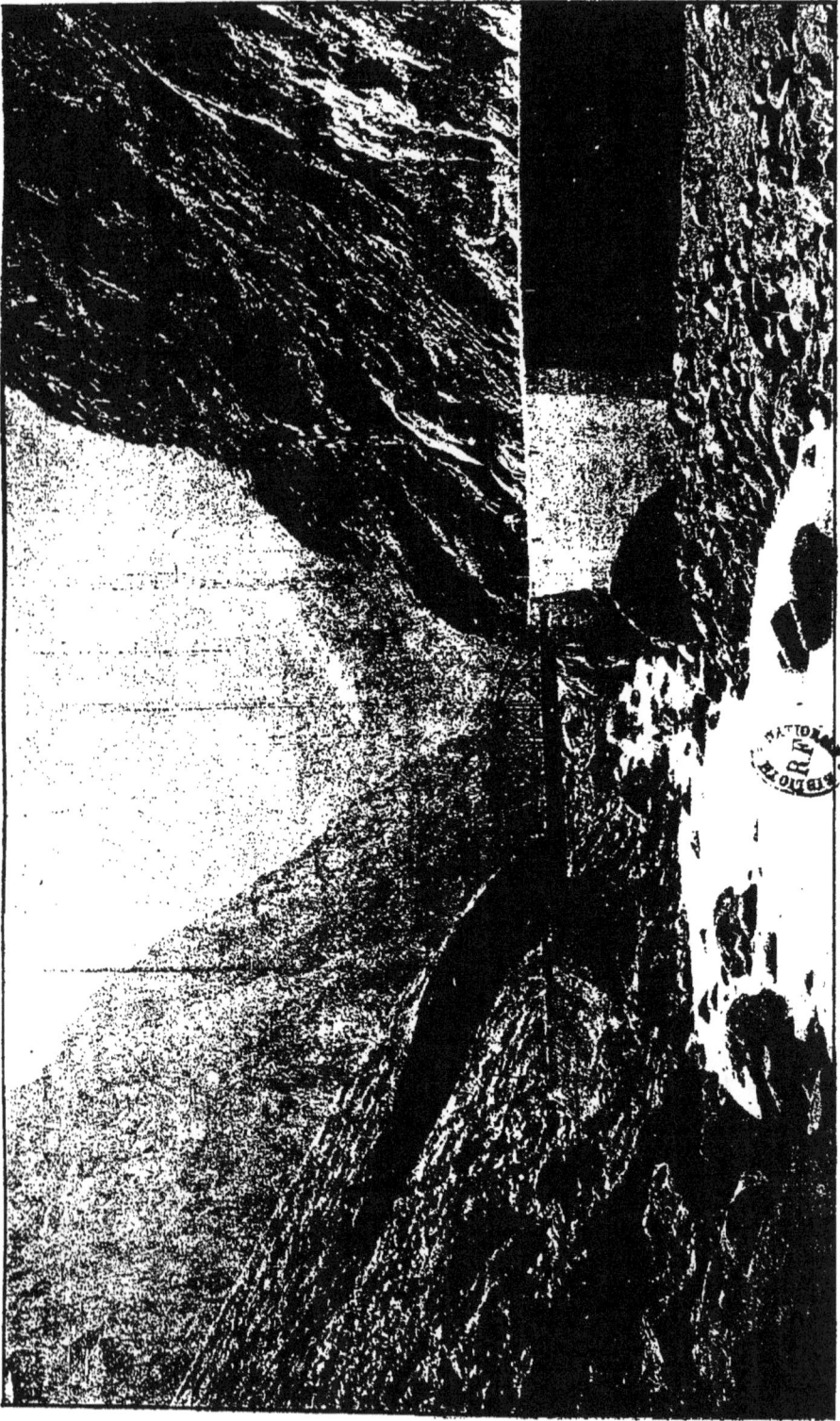

LE DÉFILÉ DU DARIAL

L'alliance des Géorgiens avec les Grecs provoqua une invasion des Perses en Géorgie ; ils martyrisèrent saint Rajdène, qui avait hautement confessé la religion chrétienne. Un nouveau mariage vint encore mettre fin à ce conflit. Vakhtang marie sa fille au roi de Perse et se déclare prêt à faire avec lui la campagne des Indes; il y remporte, comme toujours, une brillante victoire et rentre dans son royaume chargé d'un riche butin et suivi d'un millier de prisonniers.

Toute la vie de Vakhtang porte ce caractère fabuleux. Les Perses lui donnèrent le surnom de Gourg-Aslan, parce qu'il était fort et courageux et qu'il portait un casque orné d'une tête de loup par devant et d'une tête de de lion par derrière. Constamment à la tête de ses soldats, Vakhtang était redouté de ses ennemis ; en apercevant le fameux casque, les Perses poussaient ce cris : « Sauve qui peut, c'est Gourg-Aslan! » Ce surnom lui est resté dans l'histoire Habile administrateur et vaillant capitaine, Vakhtang laissa dans son pays de nombreux souvenirs de son règne. Il eut grand soin de l'instruction du peuple, fonda des écoles, fit traduire des livres ecclésiastiques et rectifier ceux qui avaient été traduits précédemment, mais, à côté des livres canoniques, se répandirent aussi des ouvrages apocryphes, tels que : les Livres de Nébroth, la Vie d'Adam, etc.

La magnifique cathédrale des Douze-Apôtres, à Mtskhet, celles de Sione et de Métékh, à Tiflis, et enfin celle de Nicoze, bâtie sur la tombe de saint Rajdène, sont aussi des monuments, restes de sa gloire.

C'est encore Vakhtang qui fonda la ville de Tiflis, où son fils Datchi, transféra dans la suite sa résidence, qui éclipsa la gloire de l'ancienne capitale Mtskhet. Non loin de Tiflis, au milieu des ruines du plus ancien des monastères de l'Ivérie, celui de Martkope, se trouvent les portraits en pied de deux rois géorgiens, peints en fresque sur deux colonnes qui soutenaient le temple et la coupole. Ces portraits représentent Vakhtang-Gorgaslan, le fondateur de ce temple, et David, le rénovateur.

Le portrait de ce même Vakhtang se trouve également à Jérusalem, au couvent de Sainte-Croix. Le métropolite Timotée (Gabachvili), voyageant en Palestine au dix-huitième siècle, le vit et en fit la description dans son ouvrage, où il prétend, entre autres choses, que Vakhtang, poussé par le roi d'Égypte, s'empara de Jérusalem. En tous cas, « Karthlis-Tskhovreba » (la vie de la Géorgie), rapporte que Vakhtang, accompagné de sa mère et de ses deux sœurs, fit un pèlerinage au saint Sépulcre et y acheta un terrain pour construire un monastère géorgien.

Vakhtang se distingua aussi par sa piété. Il établit de nouveaux épiscopats, chassa les pyrolâtres de son royaume et fonda, en Géorgie, un « Katholikosat » indépendant. Des étrangers confirment sous rapport les témoignages de « Karthlis-Tskhovreba. » Ces deux sources s'accordent à constater que l'imagination populaire s'est plu à orner la vie du roi Vakhtang d'innombrables légendes.

L'auteur du premier recueil des *Annales géorgiennes*, Djvanncher — descendant d'un chef d'armée de Vakhtang — (huitième siècle), inséra dans ses chroniques les légendes populaires sur l'histoire générale de la Géorgie et sur ses grands rois en particulier. Au nombre de ces derniers est Vakhtang. Les règnes de Datchi et de Bakour, successeurs de Gorgaslan, ne se signalèrent par aucun fait important.

La description de la Géorgie occidentale ou Lassika, par l'historien bysantin Procope, paraît dater du règne de Pharsmane V (531-579); ses témoignages complètent nos renseignements puisés dans les annales « Karthlis-Tskhovreba ». Procope apprend non seulement les noms des rois de Lasika, mais aussi ceux de la Géorgie orientale, inconnus à nos chroniqueurs. Procope nous renseigne sur l'histoire de la Lasivika et de la propagande du Christianisme au temps de Justinien.

Douze religieux syriens ayant à leur tête le père Joanne Zédadznel, vinrent en Géorgie sous Pharsmane pour y affirmer le Christianisme dans les pays nouvellement convertis.

Pharsmane VI, Stéphanos et d'autres rois géorgiens protégèrent les monastères des saints pères, leur firent de riches donations en terres et en objets précieux et les exemptèrent d'impôts.

Bakour III (557-570), laissa des fils mineurs qui, craignant les Perses, furent obligés de se réfugier dans les montagnes. La famille des Bagratides profita de cette circonstance pour rétablir leur dynastie en Géorgie.

Avant de décrire l'histoire des Bagratides, notons encore que, sous Vakhtang, s'était formée en Géorgie une aristocratie, issue des guerriers qui s'étaient distingués sous lui. On suppose que les éristavs de Ksani et d'Aragvi, descendants de la famille ossète des Doudaroukof, se seraient établis vers cette époque dans les défilés de la Ksani et de l'Aragva, où ils avaient été appelés pour y conjurer des massacres parmi les habitants pendant les fêtes de la saint Georges.

L'origine de l'aristocratie est cependant fort incertaine, et les désordres pendant la saint Georges semblent se rapporter à une époque postérieure.

LA GÉORGIE

sous la domination des Arabes

ET LA DYNASTIE DES BAGRATIDES

———— ✳ ————

La première invasion des Arabes en Géorgie eut lieu en 642. Ils y arrivèrent par l'Arménie, s'emparèrent de Tiflis et quittèrent le pays. A la seconde invasion, ils furent mis en déroute par les Géorgiens commandés par les éristaves David et Constantine, près du village d'Argveti. Mais cette défaite n'arrêta point les Arabes; ils renforcèrent leurs troupes, occupèrent tous les passages et les places fortes, défirent l'armée géorgienne et firent prisonniers David et Constantine, qu'ils mutilèrent. Les deux martyrs furent canonisés et leurs reliques déposées dans le couvent de Motsamet, non loin de Koutaïs.

Pour épargner à son pays de nouveaux désastres, le roi Artchil vint au camp des Arabes leur offrir sa soumission; mais comme il refusa d'embrasser l'islam, il fut mis à mort. La division de la Géorgie en deux provinces indépendantes, les invasions des Khosars et les dissensions dans le pays décidèrent les Arabes à se fixer à Tiflis.

Cependant l'Abkhasie (partie extrême de la Géorgie touchant la mer Noire), profitant de l'impuissance des rois géorgiens et de la décadence de l'empire Byzantin dont elle subissait l'influence comme ancienne colonie milésienne, se constitua en état indépendant. Elle s'adjoignit toute la Min-grélie, l'Imérétie, la Svanétie et la Gourie jusqu'aux monts Souram et se choisit pour capitale la ville de Koutaïs.

Vers cette époque, la Kakhétie se détacha aussi de la Géorgie. Tout le territoire contenu entre le lac de Taparavani et les sources de la Koura jusqu'à Batoum, forma le domaine patrimonial des Bagratides, émigrés de la Judée.

Tiflis et ses alentours devinrent la propriété de l'Émir et le royaume géorgien ne s'étend plus que du lac de Taparavani aux monts du Souram. La Géorgie se trouva ainsi partagée en plusieurs domaines politiques indépendants, de plus en plus affaiblis par les troubles intérieurs et les invasions étran-gères.

Les souverains géorgiens, dégoûtés de ces guerres civiles, s'adressèrent à l'empereur de Byzance, le priant de leur en-voyer un réconciliateur. La double tâche d'organiser et d'unir la Géorgie imcomba à la dynastie des Bagratides, qui s'étaient établis auparavant en Arménie. Le premier représentant des Bagratides en Géorgie fut Gouram, ou Gvaram (575-600), qui reçut de l'empereur grec Justinien II, en récompense d'un secours porté dans sa guerre contre les Perses, le titre de « Couropalate ».

C'est sous le règne de Gvaram que fut achevée la construc-tion de la cathédrale de Sion, à Tiflis. C'est aussi à cette épo-que qu'eut lieu la scission religieuse entre les Géorgiens et les Arméniens, à la suite du concile de Dvine (596). Pendant le règne du successeur de Gvaram, la Géorgie eut à subir l'in-vasion des Grecs ; l'empereur byzantin Éraclé fit décapiter le roi géorgien à cause de sa connivence avec les Perses. Dès lors, Byzance étend sa vaste influence sur la Géorgie, où le Christianisme prend définitivement le dessus sur le culte de Zoroastre. Les monarques géorgiens deviennent vassaux des souverains byzantins et reçoivent de ces derniers les titres de « Couropalate, Patric » et autres. Depuis l'invasion des Arabes, l'influence grecque en Géorgie diminua sensi-blement ; désormais les Arabes deviennent les maîtres de la situation. Les rois géorgiens se constituant exécuteurs des ordres de l'émir, ne sont monarques que de nom.

Cependant les Arabes continuèrent à décimer la Géorgie; plus d'un Géorgien périt dans les tourments (saint Abo, saint Gobron et autres). Sous ce rapport, les Abkhases ne le cédaient en rien aux Arabes et ils occupent, plus d'une fois, la Karthlie même. La Géorgie, affaiblie d'un côté par les Arabes, de l'autre par les Abkhases, ne reprend de l'indépendance et des forces que sous David, le Grand Couropalate (1001). Il se rendit célèbre même à Byzance, à laquelle il assura la paix par la défaite du rebelle Barda Scléros; l'éristave Thornic, le vainqueur de Barda, préleva sur l'ennemi un riche butin qui servit à enrichir et à agrandir les monastères géorgiens du mont Aphone (Atos) (1). Mais la réunion en un seul État de la Géorgie démembrée et divisée en provinces indépendantes, ne fut réalisée que sous le règne énergique de Bagrate III. Il réprima les seigneurs féodaux qui se révoltaient contre ses tendances monarchiques, destitua le roi de Kakhétie, Cviriké, et mit à sa place son protégé, qui lui jura fidélité, confia la Kakhétie à Aboulame, défit les Arabes jaloux de sa puissance, les mit en déroute et détruisit leur ville, Chinecari. Il exerça aussi son influence sur les montagnards du Caucase. Après avoir remis l'ordre dans le pays, Bagrat y éleva des édifices remarquables. Les temples de Koutaïs et de Bédia montrent à quel haut degré de développement l'architecture géorgienne était parvenue sous son règne.

C'est aussi sous Bagrat que la littérature sacrée se développe au mont Aphone (Athos). Les moines géorgiens, tels que saint Evphimy (Euphème), Georges Mthasmindéli et autres, entreprennent une seconde traduction corrigée des livres saints.

---

(1) Les anciens géorgiens construisaient des monastères à Jérusalem et en Grèce, au mont Athos et les rois géorgiens tinrent constamment à honneur de les enrichir.

La période brillante de l'histoire géorgienne, qui commence à l'avènement au trône de Bagrat III, ne finit qu'à la mort de la reine Thamar. La dynastie des Bagratides s'affermit définitivement en Géorgie.

Aperçu
DE L'HISTOIRE DE LA GÉORGIE
DU Xᵉ AU XIIᵉ SIÈCLE
DAVID LE RÉNOVATEUR

Jetons un regard sur l'histoire de la Géorgie aux dixième, onzième et douzième siècles. Le premier Bagratide, Gouram, était monté sur le trône en 575. C'était la période du plus grand développement de l'orthodoxie géorgienne et en même temps l'époque d'une guerre acharnée entre les deux colosses du temps : la Byzantie et la Perse pour la possession de la Géorgie. Cette lutte n'était pas encore finie que les Arabes, poursuivant leur marche victorieuse et dévastatrice presque à travers le monde entier, envahirent la Géorgie et s'en emparèrent. Les roi ne conservèrent plus qu'une ombre d'indépendance à Ardanoutch, en Adjârie et en Tao ; par crainte de l'ennemi ils ne s'appelèrent plus mépé (roi), mais mampali (seigneur, prince), éristavi (sénéchal ou chef de peuple) et éristavt-éristavi. En cette ère de calamité, les éristavis de l'Abkhasie et de la Kackhétie se déclarèrent indépendants du roi. Mais malgré ces déceptions, les mampalis de Géorgie deviennent de plus en plus puissants, et cent ans après, Gouram et Achot le Grand parvinrent à réduire Grigol, l'administrateur de la Kackhétie, et à réunir sous son sceptre toute la Géorgie, depuis la Clardgétie jusqu'à la rivière Ksani

DAVID III, ROI DE GÉORGIE, LE RÉNOVATEUR

et plus loin, jusqu'à la ville de Barda. Bagrat, fils d'Achot, se rend vainqueur du roi Féodocie, d'Abkhasie. La puissance des Bagratides va toujours croissant, de telle sorte que sous Adarnasé (923), d'après le témoignage de Constantine, le Porphyrogène, les Géorgiens disputent au Bas-Empire la possession d'Ezéroum et des contrées environnantes. C'est aussi à cette époque que se réfère le témoignage de l'écrivain arabe Massoudi (XIIᵉ siècle), qui fait mention d'un royaume limitrophe de l'Abkhasie et de l'Alanie, gouverné par le roi Soumbate (923-958) et habité par une grande nation chrétienne, celle des Djourdges (Karthvels).

En 980, la Géorgie et l'Abkasie s'unissent et forment un seul royaume dont le trône est déféré à Bagrate, fils adoptif du grand Couropalate David. C'est à cette époque qu'eut lieu la défaite de Barda Scléros par les troupes géorgiennes, ainsi que le rapportent identiquement les chroniques géorgiennes, byzantines et arméniennes. Ainsi, les fondements de la puissance géorgienne furent définitivement établis bien avant le règne de Thamar, sous Bagrate III, qui forma un royaume monocrate, géorgéo-abkhase (980). Depuis l'œuvre de concentration géorgienne entreprise par Bagrate III de Karthlie, au commencement du onzième siècle, les Géorgiens poursuivirent leur marche progressive politique et intellectuelle. Cependant l'invasion des Turcs Seldjouques (seconde moitié du XIᵉ siècle), arrêta le développement du pays et le plongea dans tous les désastres d'un envahissement barbare. Mais, profitant des succès des Croisés, qui forçaient les Turcs à concentrer leurs forces dans l'Asie-Mineure, David III, roi de Géorgie, surnommé le Rénovateur, secoua le joug mahométan et, réunissant toute la Géorgie sous son sceptre, fonda un vaste royaume, compris entre la mer Caspienne et la Mer-Noire, de la chaîne du Caucase à la province actuelle de Kars. Monté sur le trône à l'âge de vingt-six ans, David trouva le pays en plein désarroi et couvert de ruines : la partie orientale était entre les mains des Turcs ; les empereurs byzantins commandaient en maîtres dans la partie

occidentale, sous le prétexte de protéger le royaume orthodoxe ; de farouches hordes musulmanes infestaient les alentours de Tiflis ; les Perses sévissaient sur les frontières du
royaume et les Arméniens y faisaient d'incessantes incursions.
Une tâche difficile incombait au nouveau roi : rétablir les
forces épuisées du royaume lacéré.

Comme on vient de le voir, il s'en acquitta à son honneur
et porta la Géorgie au faîte de sa puissance militaire et civile.
Dès que le roi eut appris la prise de Constantinople par les
Croisés, il délivra Tiflis, une fois pour toutes, des persécutions et des brigandages qui en désolaient les alentours. Le
joug musulman une fois secoué, les forces du pays s'accrurent
rapidement, au point de pouvoir envoyer quelques troupes
auxiliaires aux Croisés pour délivrer le Saint-Sépulcre des
mains des infidèles. Le roi David rallia à sa puissance la Svanétie, l'Ossétie, le Daguestane et la Kakhétie et chassa les
Turcs de toutes les forteresses de la Géorgie. Après avoir
ainsi assuré son royaume contre les ennemis extérieurs et
réalisé la monocratie de toute la Géorgie, David III consacra tous ses soins à la civilisation de son peuple et à l'administration intérieure du pays. Il divisa le royaume en plusieurs
provinces dont chacune eut son gouverneur. La propagation
de diverses doctrines hérétiques, l'ignorance du clergé, le
relâchement des mœurs sous la domination étrangère furent
autant de raisons qui poussèrent David le Rénovateur à
convoquer, en 1103, un Concile qui élabora un Code de lois
canoniques, le premier monument de la législation géorgienne
qui nous soit parvenu. Le Concile frappa d'anathème et
déposa les évêques qui n'avaient pas été ordonnés par l'im-
position des mains, condamna à la pénitence les prêtres qui
s'étaient rendus indignes de leur saint ministère et destitua
le bas clergé. Le Concile confirma la foi orthodoxe et ins-
titua les canons législatifs extérieurs et intérieurs.

C'est sous David le Rénovateur que parurent en Géorgie
les premières écoles organisées, où l'on enseigna la religion,
la grammaire, les mathématiques, la morale et le chant.

LE MONASTÈRE DE GHÉLATI.

L'école d'Arsène, dans la ville d'Icalto, fit éclore toute une série d'hommes célèbres et, dans le nombre, le poète Chotha Rousthavéli. Pour compléter l'instruction des jeunes gens, David les envoya, au nombre de quarante, au couvent du mont Aphone (Athos), où l'on en forma de bons traducteurs de livres de théologie et de philosophie. Il fut lui-même bon théologien et bon chrétien. Il utilisait ses loisirs, même en campagne, à lire les Saintes-Écritures et employait les contributions prélevées sur l'ennemi à construire des temples en pierres au nombre desquels figurent la cathédrale de Ghélati, un des plus beaux monuments de l'architecture géorgienne. Il organisa, en plusieurs points de son immense royaume, des hôpitaux et des asiles et dota les églises et les monastères de vastes domaines. Les bienfaits du roi s'étendaient au delà de son royaume : il fit de riches donations aux églises de Jérusalem, aux monastères du mont Aphone (Athos) et de la Syrie. Il construisit, sur le mont Sinaï, un temple consacré à sainte Catherine, temple qui existe encore. Les soins du roi ne se bornèrent pas aux affaires d'église : il améliora les voies de communication entre les provinces éloignées de son royaume ; il fit tracer des routes, construire des ponts et réparer ceux qui avaient été détruits par l'ennemi ; il organisa aussi l'administration judiciaire et sociale, dont les représentants durent se conformer tant aux lois ecclésiastiques et laïques écrites qu'aux coutumes locales des contrées qu'ils administraient.

David mourut, encore plein de force, à l'âge de cinquante-trois ans, léguant à ses successeurs un royaume puissant et bien organisé. Le peuple géorgien le surnomma « Rénovateur » et l'Église le canonisa. Avant sa mort, il manifesta le désir d'être enseveli au seuil de l'église de Ghélati, afin que tous ceux qui franchiraient ce seuil, puissent prier pour le repos de son âme. Il ordonna de tranporter à Ghélati les portes de fer de Derbent (ville qu'il avait prise jadis), et dont l'un des battants s'y voit encore de nos jours.

A l'entrée de l'église se trouve une grande dalle en granit

sur laquelle on lit, en gros caractères géorgiens, ce verset du psaume : « *C'est ici le lieu de mon repos éternel ; j'y demeurerai parce qu'il me plaît.* » Une inscription arabe inscrite sur le battant de la porte annonce quelle a été forgée au nom de Dieu tout clément par l'ordre de l'illustre émir Chavir, fils d'El-Fazla, l'an 455 de l'hégire (1077 de l'ère chrétienne).

SIÈCLE DE THAMAR

(1184-1212)

La plus brillante période l'histoire de la Géorgie dura cent vingt ans (depuis l'avènement au trône de David le Rénovateur, jusqu'à la mort de son arrière-petite-fille Thamar). A part Vakhtang-Gorgaslan, fondateur de la ville de Tiflis et David le Rénovateur, les Annales géorgiennes ne citent personne qui pût égaler la gloire de cette grande reine, qu'elles nomment « roi ». Vakhouchti l'appelle « reine divine ». Depuis sept siècles, le peuple reconnaissant, fier de son ancienne puissance, garde fidèlement dans sa mémoire le nom de cette femme illustre, en attribuant à elle seule tous les hauts faits et tous les beaux monuments de la Géorgie. Dans chaque province, l'image de la grande reine s'imprègne d'une nuance locale ; mais ces versions mystiques s'accordent à la représenter comme un être semi-divin, sublime, incomparable. Une foule de poétiques légendes se rattachent à son nom, la transformant en un être demi-mystique où se fondent l'image de la sainte Vierge et celle d'une divinité païenne. Les montagnards géorgiens se la représentent tantôt comme une sainte, tantôt comme une personne guérissant tous les maux, toutes les souffrances.

En Svanétie, où le nom de la reine Thamar est le seul nom historique que la mémoire du peuple ait conservé, de reine guerrière, elle est devenue l'objet d'un culte superstitieux et en même temps un idéal d'une beauté magique, enchanteresse. Les chants naïfs des Svanes représentent cette reine adorée, couronnée d'un diadème d'or, revêtue d'habits lumineux ornés de pierreries.

Les traditions la disent libérale et magnanime. Voici ce qu'en rapporte une légende : Un jour de fête, alors que la reine s'apprêtait à se rendre à la cathédrale de Ghélati et ajustait des rubis à son bandeau royal, on vint la prévenir qu'une mendiante implorait l'aumône à la porte de son palais. La reine lui fit dire d'attendre, mais en sortant elle ne trouva plus la pauvre femme. Toute confuse et se reprochant vivement d'avoir refusé l'aumône à une indigente, la reine ôta son diadème, cause de son retard, et le posa sur la couronne de la sainte Vierge à l'église de Ghélati.

L'histoire, entremêlée de traditions et de légendes, nous décrit ainsi la vie et le règne de Thamar (1184-1212). Au dire des historiens russes et des historiens géorgiens, Thamar épousa un des fils du grand prince André Bogolioubski, le prince Georges, qui se signala d'abord par de grandes victoires remportées sur les Turcs, dans les provinces de Kars et d'Ararat. Mais bientôt, pour des raisons sur lesquelles des renseignements certains nous manquent, ce mariage fut rompu et Georges se retira à Constantinople. Cédant aux instances du peuple, Thamar dut se choisir un second époux. Bien qu'il se trouvât, dans le nombre des prétendants à sa main, des personnages tels que Polycarpos, héritier présomptif d'Emmanuel, empereur de Byzance et un fils du sultan d'Ispahan, son choix tomba sur le prince ossète David Soslane, descendant comme elle des Bagratides. Mais Georges, qui ne pouvait se résigner à l'idée de renoncer au trône, reparut bientôt en Géorgie à la tête d'une armée grecque. Malgré le concours de ses partisans, les éristavs de Clardjethie et de Samtskhet, il fut défait et traduit devant la reine. La généreuse Thamar lui rendit la liberté à condition qu'il quittât pour toujours la Géorgie.

Sur ces entrefaites, la Géorgie eut à soutenir des guerres contre les Perses, les Sarrasins et les Turcs, qui ne renon-

LA REINE THAMAR

çaient pas à leurs prétentions et à leurs incursions, même à l'époque de sa plus grande puissance. Soslane se porta contre les Perses, remporta sur eux plusieurs brillantes victoires et, à la prise de Gandja, s'empara d'un riche butin, en prisonniers, chevaux, chameaux, vases d'or et d'argent. A quelque temps de là, Thamar envoya ses troupes expulser les Turcs de Kars; l'ennemi prit la fuite à l'apparition des Géorgiens et rendit la forteresse sans coup férir.

Etonné que les Ivériens remportassent de telles victoires, Nourreddin, le célèbre sultan d'Aleppo, au dire des Annales géorgiennes, envoya contre eux une formidable armée de huit cent mille hommes.

Nourreddin avertit la reine de son invasion, en lui promettant de lui faire grâce si elle consentait à l'épouser, et à faire grâce également à tous ceux qui embrasseraient l'Islam. Mais, quand l'ambassadeur de Nourreddin eut fait connaître, en audience solennelle, la volonté du sultan, le général Zakharia Mkhargdzéli (Longue-Main) lui répondit par un violent soufflet qui le renversa à moitié mort. Le défi fut accepté et la guerre commença. Les Géorgiens rencontrèrent l'innombrable armée du sultan à Bacione; ils attaquèrent les premiers, mirent les Turcs en pleine déroute, firent une grande quantité de prisonniers et s'emparèrent d'un riche butin.

Les immenses trésors que Thamar rapportait de ses campagnes amenèrent un conflit entre la Géorgie et Byzance. Le cupide empereur Alexis Ange, apprenant que la reine faisait de riches donations aux couvents, donna l'ordre de piller les moines qui, en revenant de Géorgie, passaient par Constantinople. Thamar, exaspérée, déclara la guerre à l'empereur et s'empara de Trébizonde et de quelques provinces situées sur le littoral méridional de la mer Noire. Elle forma ensuite, de ces terres, l'empire de Trébizonde, qu'elle donna à Alexis Comnélis, afin d'empêcher la religion mahométane de se répandre sur les côtes maritimes du Caucase et de l'Asie-Mineure.

L'influence de la reine s'étendit au loin et pénétra même en Ossétie et au delà de la chaîne du Caucase : les montagnards récalcitrants cédèrent devant le succès de ses armes et se firent baptiser. Sur les traces des guerriers géorgiens vinrent les prêtres et les marchands, et, de cette manière, l'activité commerciale et le Christianisme se développèrent le long de la Koura, de l'Alazan et du Terek.

Les légendes qui attribuent à Thamar la construction de tous les temples et de toutes les forteresses remarquables de la Géorgie, ne s'écartent pas trop de la vérité, car la plupart de ces édifices ont été réellement bâtis par elle.

Thamar a laissé partout des traces ineffaçables de son règne. Les forteresses de pierre qui s'élèvent sur les montagnes et dans les vallées de la Géorgie parlent hautement de sa gloire. Les églises et les croix érigées sur des rochers inaccessibles, au fond des défilés sauvages, aux bords des deux mers et même au delà des montagnes, sont autant de muets témoignages de sa sagesse et de sa puissance. Le monument le plus poétique de Thamar est « Vardzia » ou le « Château des roses », creusé dans une roche escarpée près d'Akhaltsikh, dans la Haute-Karthlie, contrée que la reine considérait toujours comme la plus belle perle de sa couronne; ce palais se composait d'au moins 360 chambres. Le voyageur peut encore voir les restes de cette majestueuse résidence où, au milieu de cellules et de corridors sans nombre, s'est conservée, au sein même de la terre, une vaste église avec des vestiges de fresques; l'une de ces fresques représente la reine elle-même qui, apparaissant ainsi de toute la hauteur de sa taille au milieu de ces ruines, remplit le cœur du spectateur d'une étrange émotion. C'est là aussi qu'on voit, dans une nef latérale de l'église, un dôme de pierre sous lequel, d'après une légende, Thamar serait enterrée. Mais le vrai lieu de sa sépulture est inconnu ; les uns prétendent que c'est le monastère de Ghélati; d'autres désignent la Svanétie ; les habitants de Ratcha disent avoir chez eux les précieuses cendres de Thamar.

C'est bien à regret que les diverses nationalités géorgiennes se sont séparées de leur reine et toutes voudraient posséder son tombeau.

Le règne de Thamar ne fut pas seulement l'époque de la haute puissance militaire de la Géorgie. La paix profonde qui suivit ses glorieuses campagnes favorisa le développement des sciences et des arts, surtout celui de la littérature géorgienne qui avait subi l'influence de trois civilisations : les civilisations arabe, persane et byzantine. Une pléiade d'écrivains célèbres, qui entouraient le trône, portèrent la perfection de la langue géorgienne à son apogée.

Deux grands poètes, Chavtéli et Tchakhroukh, illustrèrent le règne de Thamar et la célébrèrent dans leurs poèmes. Les œuvres de Khonéli et Sarkis-Thmogvéli, deux romanciers de talent, contribuèrent aussi à l'éclat de ce règne. Mais la gloire des classiques géorgiens pâlit devant celle de Chota Rousthavéli, nom que tout Géorgien prononce avec vénération.

Son célèbre poème, *la Peau de Léopard*, est lu et connu de tout le peuple géorgien ; un grand nombre des vers de ce poème sont passés en proverbes ou en sentences ; il n'y a pas un Géorgien qui ne sache en citer quelques-uns. La profondeur des pensées et la chaleur des sentiments dont ce chef-d'œuvre est imprégné en font, sept siècles après, un livre d'éducation pour le peuple, à l'égal du Nouveau Testament et des Actes des apôtres. Thamar, en mourant, emporta avec elle les beaux jours et la prospérité dont elle avait doté sa patrie. Un fait à remarquer, c'est que les plus grandes aspirations humaines furent représentées, en Géorgie, par des femmes : la haute morale fut personnifiée par sainte Nine ; l'héroisme militaire et la sagesse administrative, par la reine Thamar.

Nine et Thamar sont les deux noms que les Géorgiens aiment le plus à prononcer.

Aperçu

de l'histoire de la Géorgie

A L'ÉPOQUE DE SON DÉMEMBREMENT
EN PLUSIEURS ÉTATS INDÉPENDANTS

(XIIIe-XVIIe SIÈCLES)

Le douzième siècle fut l'ère du plus grand développement politique et intellectuel en Géorgie; mais les forces vitales du peuple avaient été trop brusquement et trop largement prodiguées sous le règne de David et surtout sous celui de Thamar; les ressources morales et physiques de la nation s'épuisèrent et préparèrent ainsi un libre accès à une décadence générale. Déjà, sous les premiers successeurs de la grande reine, la haute société géorgienne, souverains et chefs du peuple, laissa percer des symptômes de corruption morale. Bientôt, après la mort de Thamar, un des officiers de Tchineguis-Khan attaqua les Géorgiens et infligea une cruelle défaite à leurs troupes commandées par le roi Georges, prince mou, indolent et adonné aux femmes. Quelques années plus tard, Djelal-Eddine de Khvarasm qui, quelque temps au paravant avait été défait par Tchineguis-Khan, fit son apparition. Les désastres qu'il infligea au pays sont décrits dans les Chroniques géorgiennes en ces termes :
« Tout le pays fut saccagé; à part les citadelles et les places

fortes, aucune habitation ne fut épargnée ; la Géorgie sem-
blait être condamnée à périr; il fallait en voir la cause dans les
rois et les administrateurs du pays qui, oubliant Dieu, les
lois, les préceptes de la morale et de la justice, s'adonnaient
aux discordes et aux haines réciproques. » Djelal-Eddine fit
prisonnier le chef de l'armée géorgienne et le livra au martyre pour avoir refusé d'embrasser la religion mahométane.

La Géorgie avait à peine eu le temps de se relever de cette
défaite, qu'elle devint de nouveau un champ de carnage.
En 1236, les Mongols, commandés par le fils de Tchineguis-
Khan, conquirent l'Arménie, le Chirvane et l'Aderbeidjane
et envahirent Tiflis. La ville, abandonnée par les chefs qui
avaient pris la fuite, se trouva à la discrétion de l'ennemi.
En trois ans, tout le pays fut soumis aux Mongols.

La reine Roussoudane, désespérant de recevoir des papes
Grégoire IX et Honorius III un secours plus efficace que
celui des encouragements et de la venue de missionnaires
catholiques, entra en négociations avec les Mongols et leur
envoya son fils pour qu'ils confirmassent ses droits au trône
de Géorgie. Les Mongols y consentirent et, désormais, les
rois géorgiens furent élevés au trône, destitués et, parfois
même, mis à mort, au gré des souverains mongols. Le des-
potisme de ces derniers n'eut pas de bornes : ils prodiguaient
facilement les titres et les honneurs aux princes géorgiens et
leur retiraient cette puissance éphémère avec la même facilité.
Même, on vit plus d'une fois régner, en même temps, plusieurs rois. Personne n'était en état de mettre fin à ces
désordres. Tout au contraire, au lieu de s'unir contre l'ennemi, la Géorgie se démembrait en fiefs ; le peuple succom-
bait sous le poids des corvées et des impôts exorbitants ;
les Mongols obligeaient un dixième des hommes à servir
dans leurs armées, de sorte qu'en 1258 le nombre des soldats
levés par les Mongols s'élevait à 90.000. C'est d'après ce
chiffre que l'académicien Brosset a pu évaluer à quatre millions et demi d'habitants la population géorgienne à cette
époque. Outre le service militaire, les habitants devaient

payer les impôts en argent ou en produits du sol et, au
moindre retard dans les paiements, on enlevait les enfants,
comme otages, en garantie de la dette.

Au surplus, on payait quinze phluri de droits pour des
marchandises d'une valeur de mille drachmes ; pour l'abat-
tage des bestiaux, il y avait une taxe à part : « la taïpa ».
La Géorgie, dévastée et morcelée, présentait un aspect déplorable : elle vivait sous la crainte perpétuelle des Mongols ;
leurs incessantes invasions mirent le pays à deux doigts de
sa perte. A toutes ces calamités vint se joindre la déprava-
tion des mœurs, causée par l'influence mongole. Le roi Dmitri, marié à une fille de l'empereur de Trébizonde, prit encore
plusieurs femmes. Les grands seigneurs suivirent volontiers
son exemple. Les reines et les princesses géorgiennes épou-
sèrent des seigneurs mongols. Pour comble de malheur, en
1279, pendant le grand carême, un violent tremblement de
terre détruisit les églises d'Atzkver et de Mtskhet.

Après tant de revers, la Géorgie eut un court répit sous
le règne de Georges V, dit le Brillant, qui donna à son
pays quelques jours de repos et de bonheur. A son avènement, il parcourut ses Etats et rétablit l'ordre partout. Il
visita les montagnards de la Mtioulétie et leur imposa les lois
de Dzeglisdeba, un des plus anciens monuments de droit qui
fut réuni plus tard au Code du roi Vakhtang VI. Vers
cette époque, le trône de Mongolie fut fortement ébranlé ;
Georges V profita de cette circonstance pour étendre les limites
de son royaume en s'emparant de la Somkhétie, de l'Eritie,
du Roni et de la Léquétie, c'est-à-dire des provinces lesghines. Il mit à contribution le khan de Chirvane et réunit à
son royaume tous les Etats séparés de la Géorgie. A cette
époque commença pour le pays une période, malheureusement courte, de concorde et de paix, ainsi qu'en témoignent
diverses inscriptions gravées sur les murs des églises. Mais
cet état de choses cessa lors de l'invasion de Timour de Sa-
markand (1387). Tiflis fut alors complètement détruit. En
1393, nouvelle invasion : Timour parcourut la Géorgie,

mettant tout à feu et à sang. Quelques années après, il revint pour la troisième fois. Durant vingt ans, le pays n'eut pas de relâche. Sous une série de rois sans volonté, démoralisés par les cruautés de Timour, la Géorgie tomba en décadence et fut de nouveau divisée en plusieurs fiefs continuellement en guerre les uns avec les autres.

Un manque absolu de discipline, des luttes acharnées entre les rois et les seigneurs féodaux, des tortures cruelles infligées aux vaincus, et le ravage du pays par les vainqueurs; tel était le triste tableau que présentait alors la Géorgie. L'histoire de l'Imérétie, c'est la démonstration des suites auxquelles peut donner lieu le démembrement d'une nation dont toute la force repose dans l'étroite union de ses forces. L'unité nationale avait fait place aux discordes politiques, on eût pu croire qu'une force occulte entraînait les féodaux dans la voie des haines et des guerres continuelles. Parfois on fit d'heureuses tentatives pour rétablir la paix et la concorde, mais à la moindre occasion tout revenait à l'ancien régime : les discordes et le démembrement. Les invasions étrangères y contribuèrent pour beaucoup, car, dans ce cas, les féodaux, un moment pacifiés, recommençaient leurs désordres. On aurait dit qu'un mauvais sort poursuivait les rois géorgiens : les invasions se succédaient. Aussi, deux ans après le Concile de Florence (1438), dans lequel, disons-le en passant, les représentants de l'Eglise géorgienne n'avaient pas souscrit l'acte de l'union des églises, la Géorgie subit l'invasion du souverain de Tauris. Les ennemis, après s'être emparés de Tiflis, s'en retournèrent chargés d'un riche butin. Le peuple, à bout de ressources, n'étant pas en état de payer l'impôt fixé pour la restauration des églises, on dut le supprimer.

Notons encore les faits suivants : vers l'an 1460, les rois géorgiens et les princes suzerains se préparèrent, sur les exhortations du pape Pie II, à une croisade contre les Musulmans; mais elle ne put être menée à bonne fin, à cause des dissensions qui éclatèrent à Venise entre les ambassadeurs européens. De même, le mariage de la fille de Georges VIII avec Constantin XI. Paléologue, empereur de Byzance, ne put être célébré à cause du siège de Constantinople par les Turcs.

En 1453, après la chute de Constantinople, les Turcs commencent à s'ingérer dans les affaires intérieures de la Géorgie occidentale, tandis que la Géorgie orientale subit l'influence de la Perse. Sous prétexte de prendre des mesures de réconciliation, les Turcs et les Perses s'immiscent dans les discordes des partis désunis de la Géorgie et ne font qu'augmenter les intrigues et les cabales, excitant le père contre le fils, le frère contre le frère, foulant aux pieds la liberté et l'honneur du pays, donnant l'ère à de fréquentes apostasies.

L'islamisme fait de rapides progrès sur les ruines du Christianisme. Depuis le commencement du dix-septième siècle, une série de rois musulmans se succèdent sur le trône de Karthlie. Citons Vakhtang V ou Schah-Navaz qui commença la dynastie des princes Moukhranes et Vakhtang VI, qui « feignit » d'embrasser l'islamisme, comme il le dit lui-même. Le roi de Kakhétie. Artchil (1664-1706) fut aussi du nombre des rois géorgiens qui portèrent à cette époque un titre persan ; mais malgré ses protestations dans sa correspondance avec le chah, il resta au fond un fervent chrétien.

Adorateur zélé de la religion nationale, bon théologien, restaurateur des églises, il fut surnommé « Père de ses sujets » et « Roi équitable ». Son règne fut rempli de revers caractérisant bien l'époque ; il monta à deux reprises sur le trône de Karthlie et sur celui d'Iméréthie. Il acheva sa vie obscurément dans un exil en Russie. On a de lui le poème *Artchiliani*, qui contient la biographie du roi Theimouraz et de précieux renseignements sur la vie et les mœurs de l'ancienne Géorgie.

Cependant la plupart des rois étaient loin d'avoir cette fermeté d'idées : agissant exclusivement dans les intérêts de leur dynastie, ils renonçaient facilement à leur religion et s'enga-

LA REINE KÉTHÉVAN

gaient à fournir des esclaves aux harems et à répandre dans le peuple l'islam et les usages persans (ou turcs).

Les principes mahométans se joignant aux restes du paganisme qui n'avait pas encore entièrement disparu, altérèrent la pureté de la religion chrétienne et produisirent dans le peuple cette « triple foi » dont parlent les missionnaires catholiques et les ambassadeurs russes. Les hautes classes de la société y joignirent encore une complète dissolution morale : une sensualité brutale, de vils instincts, l'inceste et les divorces forcés prirent facilement racine dans la noblesse géorgienne. La plupart des rois convertis à l'islam, donnèrent eux-mêmes l'exemple d'une pareille conduite. Certes, il y eut d'heureuses exceptions dans ce triste état de choses; il se trouva des personnes d'une étonnante fermeté de convictions et d'une volonté inflexible. Ainsi, par exemple, la reine Kéthévan, qui joignait à une beauté céleste une moralité sans reproches, resta inébranlable dans sa foi malgré toutes les tortures qui lui furent infligées. En 1624, sur la place publique de Chiraz, on la dépouilla de ses vêtements, on lui lacéra le corps avec des tenailles de fer rougies au feu et on lui mit sur les plaies des charbons ardents; la malheureuse martyre ne voulu pas abjurer. On lui plongea la tête dans une chaudière incandescente et elle expira avec cette horrible couronne du martyre. La reine Kéthévan fut mise au nombre des saintes et une partie de ses reliques fut emportée par des moines catholiques, témoins de ses souffrances, et déposée dans la cathédrale de Namur, en Belgique.

Malheureusement l'ennemi était trop rusé et trop puissant, et la Géorgie trop affaiblie par les dissensions et les désordres intérieurs, pour que les personnes fermes et énergiques pussent s'attendre à un meilleur sort que celui de la reine Kéthévan. Il serait difficile de se figurer un pays semblable à la Géorgie du dix-septième siècle, où l'esprit de parti et l'égoïsme mesquin ont à un tel point prévalu sur les intérêts de la patrie et par conséquent sur tout ce qui importe au bien-être général. La société géorgienne privée des bienfaits d'une union stable en fut cruellement éprouvée.

Quelques traits de la vie de Saakadzé, surnommé, dans sa patrie, « l'Alcibiade géorgien », peuvent seulement illustrer l'époque en question. Doué d'un extérieur agréable, d'une grande facilité de parole et d'un courage à toute épreuve, Saakadzé captiva du premier coup l'attention générale. Le roi Simon (de Kartlhie) l'éleva au rang de tarkhane; Georges X lui conféra les droits de suzeraineté avec le titre de Moourave. A peine âgé de vingt-six ans, Saakadzé devint le conseillé intime du roi Louarsab. La fière aristocratie géorgienne vit avec dépit grandir en puissance le fils d'une famille de petite noblesse; on commença contre lui toute une série d'intrigues et l'on demanda même au roi sa tête, mais à ce moment, l'invasion des Turcs arrêta les sourdes menées de ses ennemis.

Lorsque l'élite de l'armée géorgienne, sous la conduite des meilleurs généraux, eut été défaite par les Turcs, le moourave se chargea du salut de sa patrie. Dans une vallée, au bord de la Koura, il livra bataille et combattit lui-même dans les rangs de ses guerriers. Dans la mêlée, la tête du pacha fut tranchée et jetée aux pieds du roi. Consternées à cette vue, les troupes turques battirent en retraite et furent entièrement exterminées par une poignée de Géorgiens. Le roi se rendit alors à la demeure de Saakadzé pour lui témoigner personnellement sa reconnaissance; il y vit la sœur du héros et, frappé de sa beauté, résolut de l'épouser, malgré les sages conseils de la reine-mère et de Saakadzé lui-même. La haute aristocratie, trouvant que cette mésalliance déshonorerait le trône, forma un complot contre toute la famille du moourave. Averti de ses sanglants projets, Saakadzé se réfugia chez son beau-père, éristave d'Aragvi. Le château du moourave fut rasé par ses ennemis et lui-même passa en Perse où, pour se venger de Louarsab, il proposa au chah de lui conquérir la Karthlie. Pour éprouver la bonne foi de son allié, le chah l'envoya d'abord guerroyer

aux Indes et en Turquie, et, lorsque les exploits de Saakadzé furent célébrés par les poètes et que toutes les montagnes et les vallées de la Karthlie retentirent de sa gloire,
le chah se détermina à punir la Géorgie par le fer et le feu.
Louarsab et Theimouraz de Kakhétie, redoutant la colère du
vainqueur, s'enfuirent en Imérétie; mais l'astucieux chah
Abbaz, par des promesses d'amitié, persuada au roi Louarsab de se présenter devant lui; il le reçut avec bienveillance;
puis, l'ayant habilement attiré en Perse il le fit massacrer, et
mit à sa place un mahométan, Bagrat V (1616-1619).

Theimouraz fut détrôné; une garnison persane fut installée
en Kakhétie, sous le commandement du prince renégat Jessée
(Issakhan). Mais à peine le chah eut-il quitté la Géorgie
que, Issakhan fut tué et Theimouraz rétabli sur le trône. Le
chah, exaspéré, accompagné de Saakadzé, envahit, en 1617,
la Géorgie, détruisant tout sur son passage, répandant des
flots de sang, réduisant les villes en cendres, pillant les monastères, brisant les saintes images et les croix, et distri-
buant les ornements sacrés aux femmes de son harem.

Le jour de Pâques, 6 000 moines furent massacrés au
couvent de David de Garedja. A Mtskhet, il s'empara d'une
précieuse tunique, la relique du Sauveur, et l'envoya à Moscou. Il ne se contenta pas de semer les ruines: il fit émigrer
en Perse 60.000 captifs et affermit son influence en Géorgie. C'est uniquement au peuple, dévoué à sa religion, ferme
dans ses principes de liberté, que la Géorgie doit d'avoir
conservé l'indépendance morale qui lui donne l'espoir d'une
régénération prochaine.

Theimouraz, détrôné, demanda vainement des secours au
sultan et au czar de Russie, Michel Féodorovitch. La Géorgie trouva son sauveur dans la personne de ce même Saakadzé, qui avait causé sa ruine. A la vue des violences que
les ennemis exerçaient dans sa patrie, il fut pris des plus
atroces remords. Le souvenir du meurtre perfide de Louarsab y mit le comble. Quelques princes géorgiens ayant été
égorgés dans la tente du général persan Kartchikhan, Saa-

kadzé profita de l'occasion pour exciter le peuple et le pousser à une révolte ouverte. Toute l'armée persane fut massacrée et le moourave trancha la tête de Kartchikhan de sa propre main. La Karthlie et la Kakhétie furent délivrées du joug des étrangers. La gestion de la Karthlie fut confiée à Kaikhosro, un des princes Moukhrans, et Theimouraz fut rétabli sur le trône de Kakhétie. Saakadzé, naguère le fléau de son peuple, en devint le héros national et fut le maître absolu du pays. On l'appella « Père de la patrie »; dans les églises on pria Dieu de prolonger ses jours. L'aristocratie, subjuguée par ses hauts faits, se rangea sous son étendard.

Alors son cœur ne fut rempli que de l'amour de sa patrie, que du désir de la délivrer entièrement, pour toujours, des maux et des désastres des invasions étrangères. Apprenant la trahison de Saakadzé et le rétablissement de Theimouraz sur le trône de Kakhétie, le chah fit égorger la famille du moourave : son fils fut décapité et sa mère, la reine Kéthévan, subit les tortures décrites plus haut. De plus, le chah envoya une grande armée en Géorgie; Saakadzé lui livra bataille et, par un cruel hasard, fut vaincu. Il résolut alors de recourir à une guerre de surprise et se rendit aussi redoutable aux Perses que ce dernier l'étaient aux Géorgiens; mais le triste passé pesait sur Saakadzé, atténuant l'éclat de ses hauts faits et réveillant, au moindre échec, la méfiance du peuple, qui continuait à voir en lui l'auteur de tous ses maux. Cependant Saakadzé, bien que battu dans un second combat (sur la Ksani), qui ouvrait au prince Khosro-Mirza, le chemin de Tiflis, ne désespéra pas de la délivrance de sa patrie, contracta une alliance avec l'Imérétie, la Mingrélie et l'éristave d'Aragvi, et demanda des secours aux Turcs.

Son étoile brilla d'un vif éclat après sa victorieuse campagne contre les Osses; mais le peuple se persuadait de plus en plus que le moourave ne viendrait pas à bout des Perses. Abandonné par les princes et défait dans les plaines de Basaleth, Saakadzé s'enfuit à Constantinople. Là, son nom retentit encore une fois dans tout l'Orient, et ce fut cette gloire qui causa sa perte.

La femme du vizir Azamat, en communiquant à son mari les nouvelles de Constantinople, lui écrivit : « Qu'est-ce que cette célébrité qui offusque ton nom? » Le vizir, irrité, fit venir Saakadzé et le fit décapiter (1629).

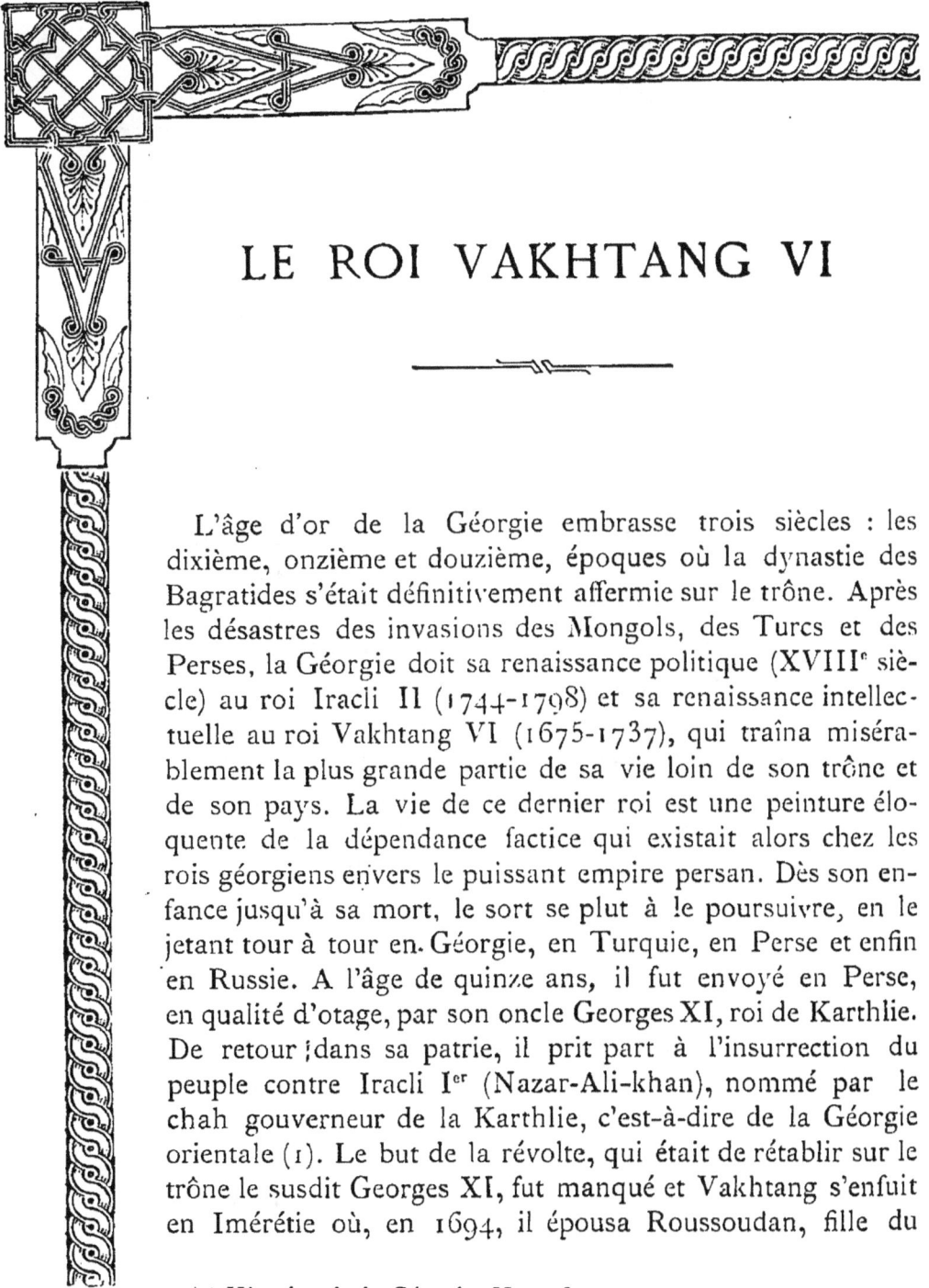

LE ROI VAKHTANG VI

L'âge d'or de la Géorgie embrasse trois siècles : les dixième, onzième et douzième, époques où la dynastie des Bagratides s'était définitivement affermie sur le trône. Après les désastres des invasions des Mongols, des Turcs et des Perses, la Géorgie doit sa renaissance politique (XVIII° siècle) au roi Iracli II (1744-1798) et sa renaissance intellectuelle au roi Vakhtang VI (1675-1737), qui traîna misérablement la plus grande partie de sa vie loin de son trône et de son pays. La vie de ce dernier roi est une peinture éloquente de la dépendance factice qui existait alors chez les rois géorgiens envers le puissant empire persan. Dès son enfance jusqu'à sa mort, le sort se plut à le poursuivre, en le jetant tour à tour en Géorgie, en Turquie, en Perse et enfin en Russie. A l'âge de quinze ans, il fut envoyé en Perse, en qualité d'otage, par son oncle Georges XI, roi de Karthlie. De retour dans sa patrie, il prit part à l'insurrection du peuple contre Iracli I⁰ʳ (Nazar-Ali-khan), nommé par le chah gouverneur de la Karthlie, c'est-à-dire de la Géorgie orientale (1). Le but de la révolte, qui était de rétablir sur le trône le susdit Georges XI, fut manqué et Vakhtang s'enfuit en Imérétie où, en 1694, il épousa Roussoudan, fille du

(1) Histoire de la Géorgie, II, p. 82-99.

souverain de la Tcherkessie. Nazar-Ali-khan célébra sa victoire par des festins joyeux et Georges XI (Gourguen-khan)
fut chargé par le chah de réprimer la révolte des Afghans et
des Béloutchis.

Pour avoir pacifié le Kandagar, Gourguen-khan reçut le
trône de Karthlie qui, après la déposition de Nazar-ali-
khan, avait été provisoirement occupé par Vakhtang VI,
fils de Lévan (1703).

Le jeune roi de Karthlie (il avait alors vingt-huit ans),
surnommé Houssein-kouli-khan, administra énergiquement
le pays qui lui était confié. Son règne ne dura que huit ans
(1703-1711), mais, dans cette courte période de temps, il fit
pour les progrès de sa patrie plus qu'aucun de ses prédéces-
seurs. Il fonda, à Tiflis, la première typographie où furent
imprimés des livres religieux et des livres profanes. Connaissant parfaitement les langues et les littératures orientales, il
occupa lui-même une place importante parmi les écrivains du
temps, comme traducteur et comme auteur d'un grand
nombre d'ouvrages. Il fut le premier qui composa un recueil
d'Annales géorgiennes et un Code de législation, renfermant
toutes les lois et les coutumes en usage en Géorgie, dès la
plus haute antiquité. C'est encore lui qui fixa les impôts
(Dastoulama), et qui rétablit l'ordre dans l'administration.

Il soumit à son pouvoir les Imérètes et les Kakhètes (Karthlis-Tskhovréba II, 71), remit l'ordre dans leurs affaires
intérieures et les garantit contre les invasions des Lesghines
et des Osses, en détruisant les forteresses où les envahisseurs
étaient concentrés. (Karthlis-Tskhovréba II, 77.)

La sage administration de Vakhtang ne tarda pas à pro-
duire une heureuse influence sur le bien-être du peuple géorgien; malheureusement, il ne resta pas longtemps à la tête du
gouvernement. Le chah lui conféra le titre suprême de « roi »,
et le manda en Perse (1712).

De tout temps, les ordres du chah étaient accomplis sans
protestation : les rois quittaient leur trône, livrant le pays au
jeu du hasard et des circonstances fortuites. Vakhtang

s'empressa de se rendre à la cour du chah, où il fut reçu avec tous les égards dus à son rang ; pour consolider l'alliance du suzerain avec son vassal, on proposa à ce dernier d'embrasser l'islamisme. Vakhtang ne voulut pas abjurer la religion chrétienne, et ce fut alors que fondirent sur lui tous ces malheurs qui ne discontinuèrent pas jusqu'au dernier jour de sa vie. D'abord le chah le déposa du trône et mit à sa place Iessée, dit Ali-kouli-khan, frère de Vakhtang et musulman fanatique.

Redoutant les persécutions du nouveau souverain, la famille Vakhtang se réfugia en Imérétie et le roi destitué, mais encore redoutable pour Iessée, que le peuple abhorrait à cause de ses infamies, fut nommé gouverneur de l'Iran et envoyé à Kirman.

Le règne du rénégat Iessée ne fut pas non plus de longue durée. Trois ans après, le chah Houssein, irrité du peu d'habileté que Iessée avait montrée à dompter les farouches Lesghines, le destitua, et le trône de Karthlie fut de nouveau confié à Vakhtang qui « feignit » d'embrasser l'islamisme, comme il l'écrivit lui-même en 1718 à Volinski, ambassadeur de Russie en Perse, disant que « s'il a renié le Christ, ce n'était point pour la gloire ni pour les biens passagers de ce monde, mais uniquement pour tirer de prison sa famille, et que, tout en acceptant la vile loi mahométane, il restait chrétien au fond de son âme et espérait revenir à sa religion avec le secours de S. M. Impériale ».

Sur l'ordre du chah, le roi Vakhtang, surnommé Houssein-kouli-khan, cumula les dignités de roi de Géorgie et de spalassar (chef d'armée) d'Iran et de Tauris ; c'est pourquoi il dut rester en Perse, confiant la régence à son fils Bakar qui, cependant, ne se montra pas assez énergique pour arrêter les irruptions des Lesghines. Vakhtang reçut alors du chah l'ordre de se rendre en Géorgie pour y rétablir l'ordre. Il mit énergiquement la main à l'œuvre, punit sévèrement ses adversaires, réprima les montagnards en peu de temps, mais il ne put parvenir à mettre fin à leurs incursions.

Le pouvoir de Vakhtang, encore mal assuré, et son peu d'influence sur les montagnards, furent fortement ébranlés par son intervention dans le conflit entre la Russie et la Perse.

Pierre le Grand dirigeait depuis longtemps ses regards vers le littoral caspien, dans l'intention d'y établir quelques ports de commerce.

Un incident inattendu vint mettre fin aux intentions pacifiques de ce tsar. En 1722, les Lesghines pillèrent et détruisirent la ville de Chémakha dont le commerce était déjà assez important. Les dommages que subirent les marchands russes, confirmés par les représentations de l'ambassadeur de Russie en Perse, Volinski, déterminèrent le tsar à recourir aux armes.

L'empereur contracta alliance avec Vakhtang (1718) qui, tout en étant général en chef de l'armée persane, avait entamé, par l'entremise du géorgien Pasadan-Bek, des négociations avec Volinski, à Chémakha, en lui proposant un plan d'action contre la Perse.

Au mois d'août 1721, Volinski écrivit à l'empereur : « Le prince (1) géorgien (Vakhtang), nous a priés, sa sœur et « moi, de soumettre à Votre Majesté son projet d'alliance « pour combattre l'ennemi commun du Christianisme et en « indique les moyens : 1° que Votre Majesté veuille introduire « en Géorgie cinq ou six mille hommes pour renforcer la « garnison de ce pays, car il remarque des dissensions dans « la noblesse géorgienne et, si vous y envoyez vos troupes, les « différents partis seront nécessairement obligés de se ranger « de son côté ; 2° pour lui assurer votre alliance, il vous faudra « faire une descente en Perse avec 10.000 hommes ou plus, « pour enlever aux Persans Derbent ou Chémakha, sans « quoi il serait dangereux de commencer la guerre ; 3° il prie

(1) Comme on le verra plus tard, Vakhtang fut fort mécontent de ce titre et voulant prouver au gouvernement russe que les autres puissances étrangère le qualifiaient de « roi », signa : « VAKHTANG, *orientalis Iberiæ rex.* » (Voir *Correspondance,* 22.)

« encore Votre Majesté de bâtir une forteresse sur Terek
« entre la Kabarda et les fortins des Kozaks Grébénski et d'y
« installer une garnison russe pour faciliter et protéger les
« communications avec la Géorgie. » Volinski ajoutait que
les raisons avancées par Vakhtang ne lui paraissaient pas
« mal fondées ».

Vakhtang ne s'en tint pas aux conseils et aux renseignements sur les mesures à prendre. Il devient ouvertement
ennemi de son suzerain, s'allie à la Russie, promet à l'empereur, si celui-ci se décide, à susciter la guerre à la Perse, de
conduire sur le champ de bataille 30 à 40.000 hommes et
de pousser jusqu'en Ispahane.

Les arguments de Vakhtang et de Volinski, fortifiés par le
désir de l'empereur d'empêcher les Turcs de se fixer sur le
littoral caspien, déterminèrent Pierre le Grand à se mettre,
pendant l'été de l'an 1722, en campagne contre les Perses.

Le prestige de l'empereur lui assura le succès au nord du
Caucase. Les gouverneurs de Tarki et d'Aksaï s'empressè-
rent d'affirmer leur soumission.

Mais, après s'être emparé de Derbent, l'empereur rebroussa
chemin, se contentant de jeter les fondements de la ville de
Sainte-Croix (entre les rivières l'Argolane et le Solak), qui
devait garantir les frontières russes au lieu de l'ancienne forteresse de Terki, reconnue incommode. Cette retraite fut une
grande surprise pour Vakhtang, auquel un point de ralliement
avec l'armée russe avait été assigné entre Bakou et Derbent ;
il avait ouvertement trahi le chah, son suzerain ; avait
refusé l'alliance des Turcs, comptant sur l'amitié de la Russie, et Pierre le Grand, reçu sans résistance dans la province
de Chémakha et à Derbent, abandonnait la ville faute de
munitions et retournait à Astrakhan. Les Géorgiens en furent
désolés, d'autant plus que la veille de son départ de Derbent,
le tzar avait été informé que Vakhtang, campé aux bords de
la Koura avec une armée de 30.000 hommes, n'attendait, pour
aller en avant, que l'arrivée de l'armée russe à Chémakha.
(Boutkof I, 30.) Chemin faisant, Pierre le Grand dépêcha à

Vakhtang le lieutenant Tolstoï avec la mission imprévue de déterminer le roi à entamer des pourparlers avec le chah, afin de persuader à ce dernier de céder à la Russie le littoral caspien et tous ces domaines chrétiens, promettant à Vakhtang, en compensation, le secours des Russes contre les insurgés et contre les prétentions de la Perse. Arrivé à Tiflis, le 6 novembre, Tolstoï fit savoir à l'empereur que le roi Vakhtang n'y était pas et que c'était le fils naturel de ce dernier, Vakhoucht, qui gouvernait le royaume. Désespéré à la nouvelle du départ de l'empereur, Vakhoucht représenta à Tolstoï tout le danger que la Géorgie courait à être exposée à la colère du chah d'un côté et à l'inimitié du sultan pour ses sympathies à la Russie, de l'autre. Le pacha d'Erzéroum, d'après les ordres du sultan, avait déjà deux fois menacé de ravager le pays, si les Géorgiens s'obstinaient à refuser les propositions amicales de la Porte. Mais Vakhtang ne désespérait pas de sa cause et, arrivé à Tiflis, il consentit volontiers à remplir la commission de l'empereur relativement à sa conférence avec le chah, bien que celui-ci fût au courant des rapports du roi avec l'empereur de Russie.

Ces négociations eurent pour résultat la destitution de Vakhtang, comme traître envers son suzerain (30 janvier 1723). Un édit du chah fut publié à Tiflis, aux termes duquel il déférait le trône de Karthlie au roi de Kakhétie. Celui-ci arriva immédiatement aux murs de Tiflis ; mais Vakhtang refusa de lui céder le trône ; il livra bataille et fut battu, perdant à la fois sa royauté, la confiance du peuple et le secours de ses anciens alliés. Les Turcs s'emparèrent d'une grande partie de la Géorgie ; Vakhtang quitta Tiflis et se réfugia dans les montagnes avec le délégué russe Tolstoï. Pierre le Grand donna l'ordre d'expédier d'Astrakhan en Géorgie un détachement de dragons, sous le commandement du capitaine Baskakof, au secours de Vakhtang. Mais ce renfort se trouva inutile, car toute la Géorgie était déjà au pouvoir des Turcs et des Perses.

Enfin, en 1724, le roi Vakhtang qui, depuis 1723, s'était

retiré en Imérétie, fut invité par l'empereur à venir en
Russie (1), il fut prescrit à toutes les autorités locales de
prendre les mesures nécessaires afin d'assurer son trajet.

Une circonstance survint où Vakhtang put être utile au
gouvernement de Catherine I. En 1726, le gouvernement
russe décida de cesser toute intervention dans les affaires de
la Perse, à cause des grandes dépenses qu'exigeait l'entretien
des troupes et vu l'insalubrité du climat, le gouvernement
résolut de rappeler son armée des provinces persanes, mais
de façon à ce que ces dernières ne fussent point occupées par
les Turcs.

Ce fut Vakhtang qui fut chargé de négocier avec le chah
Tagmaspe. « Grâce à l'expérience et à l'habileté dont il fit
preuve dans les affaires persanes, vu son crédit et son prestige dans ces contrées, son zèle et sa bienveillance pour les
intérêts de la Russie », on lui promit, en revanche, de le
protéger, ainsi que sa famille, en tout temps et en tout lieu.
Vakhtang se rendit en Perse en compagnie du général en chef
de l'armée russe, le prince Basile Dolgorouki. Après de
longs pourparlers, les ministres persans et russes, par l'entremise de Vakhtang, acceptèrent le traité proposé par Ismaïl
Bek, en vertu duquel la Russie recevait à perpétuité Derbent, Astrabat et tous les domaines mentionnés dans ce
traité.

En 1722, Vakhtang fut mandé à Saint-Pétersbourg. Il re-
commença alors ses sollicitations auprès de l'impératrice, la
priant de défendre la Géorgie contre les Turcs qui, de nouveau, ravageaient le pays, pillant les couvents et forçant les
habitants à se convertir à leur religion. Par l'entremise du
vice-chancelier, le comte Ostermann, il demanda la permis-
sion d'envoyer, dans sa malheureuse patrie, un de ses fils,
dont l'arrivée pouvait mettre fin à ces désastres, lesquels pro-

(1) Correspondance des rois géorgiens avec les souverains de
Russie de 1659 à 1770 (Saint-Pétersbourg 1861), p. LXXV-LXXIX.
Boutkoff C. L., p. 51.

venaient de ce qu'il n'y avait pas de chef énergique en Géorgie.

Le général Lévachof fit savoir de son côté que les Géorgiens réfugiés près de lui, dans la forteresse de Sainte-Croix, suppliaient l'impératrice d'envoyer auprès d'eux, « ne fut-ce que le fils du roi géorgien », pour conserver les territoires qui n'étaient pas encore au pouvoir des Turcs.

Le gouvernement russe trouva nécessaire, pour réagir contre les Perses et les Turcs, de rétablir Vakhtang ou son fils sur le trône de Géorgie et de les soutenir par tous les moyens possibles, sans cependant leur envoyer des troupes russes, afin de ne pas rompre la paix avec la Turquie.

Le 1er mai 1734, en vertu d'un décret de S. M. Impériale, Vakhtang et son fils prirent la route du Caucase. A peine furent-ils arrivés à Tiflis qu'une assemblée déclarait le décret intempestif : Vakhtang et son fils durent revenir en Russie en 1736; cependant les Turcs et les Perses continuaient leurs ravages en Géorgie ainsi que dans la Karthlie et la Kakhétie.

Le roi de Kakhétie Theimouraz II, fils de Nicolas, fit connaître à l'impératrice l'état déplorable de son pays et la pria d'envoyer à son secours le prince géorgien, général Bakar, fils de Vakhtang. Ce dernier, par l'entremise du comte Ostermann, renouvela ses instances auprès de l'impératrice, la suppliant de secourir les Géorgiens « avec de la poudre, du plomb et de l'argent, promettant à son tour de sévir contre les ennemis de la Russie et de venir en aide à ses amis ».

Mais les affaires prirent tout à coup une tournure inattendue. En vertu du traité de Gandja (1835), la Russie céda à la Perse Bacou, Derbent et le khanat de Kouba, et évacua la forteresse de Sainte-Croix, transférant la garnison dans la forteresse de Kizlar, nouvellement bâtie sur la rive gauche du Terek.

D'après les témoignages des écrivains géorgiens, Vakhtang, arrivé à Astrakhan, et n'espérant plus revoir jamais son

pays natal, y demeura jusqu'à sa mort ; il fut enseveli dans
la cathédrale (25-27 mars 1737) (1). Sa mort causa un pro-
fond désespoir, dont les échos se trouvent relatés dans le
Davitiani, poème de David Gouramichvili, contemporain et
compagnon de l'infortuné roi.

(1) En 1762, à côté de la tombe du roi Vakhtang, fut enterré le roi
Teimouraz II, son gendre.

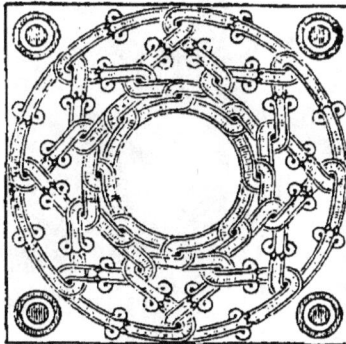

LE ROI ERACLI II

Aperçu

DES RELATIONS DE LA GÉORGIE
AVEC LA RUSSIE

(XVIᵉ-XVIIᵉ SIÈCLES)

Pressée par les Perses, les Turcs et les Montagnards, la Géorgie avait plus d'une fois imploré le secours de la Russie, sa coreligionnaire, et de l'occident chrétien. Les missionnaires du Saint-Siège avaient maintes fois intercédé auprès de leurs autorités en faveur des malheureux Géorgiens et de leurs temples profanés par les infidèles. Des ambassadeurs Géorgiens s'étaient rendus en Italie, en France, en Pologne, cherchant à intéresser ces royaumes à la cause de leur patrie ; mais l'Europe occidentale était trop éloignée de la Géorgie pour lui porter un secours plus efficace qu'un soutien moral et les consolations de la religion. La plus proche nation, la voisine de la Géorgie, était la Russie, dont les possessions s'étendaient, au dix-huitième siècle, jusqu'aux pentes septentrionales de la chaîne du Caucase. Cependant les crêtes neigeuses des montagnes, et plus encore les guerres incessantes avec ses voisins, l'empêchèrent d'intervenir fermement dans ses affaires.

Le cours des événements historiques n'avançait que lentement le terme où les troupes russes devaient entrer dans la Transcaucasie, pour mettre ses habitants à l'abri des troubles incessants et des invasions étrangères.

Les rapports de la Géorgie avec la Russie remontent aux neuvième et dixième siècles.

Au douzième siècle, le prince Isiaslav Mstislavovitch épousa une princesse royale « Obèze » (d'Abkhasie), qui n'était autre que la fille du roi Dmitri Ier (1125-1154). Son arrière-petite-fille, la reine Thamar (1184-1212), sur les conseils du clergé et des princes, épousa le prince Georges, fils d'André Bogolioubsky ; mais ce mariage fut malheureux. Au bout de quelques années, Georges se rendit à Constantinople et, en 1196, abandonna la Géorgie pour toujours.

Après la conquête de la Russie par les Mongols, ses relations avec la Géorgie furent interrompues.

Du treizième siècle, jusqu'à la seconde moitié du seizième, on n'a qu'un témoignage de ces relations, c'est le règne du Grand Prince Jean III (1491-1492).

Après la chute des royaumes de Kazan et d'Astrakhan, ces rapports renaissent. Vers cette époque, Constantinople fut prise par les Turcs, et céda son titre de « Troisième Rome » à la ville de Moscou, à laquelle le roi de Géorgie demanda des secours en 1557.

En 1567, le roi de Kakhétie, Léon, fut admis au baise-main par le tsar Jean IV.

Pendant le règne de Théodore et de Boris, les relations deviennent presque constantes : les tsars russes et les rois géorgiens échangent des ambassadeurs et de riches présents.

Cependant, comme les promesses de secours contre les ennemis de la Géorgie demeuraient sans résultat, les envoyés du roi Alexandre, l'archimandrite Cyrille et le secrétaire Sabba, s'en plaignirent au tsar Boris.

Le tsar Boris jura de purger la Géorgie de ses ennemis. Sur ces entrefaites, le chah fit une seconde irruption en Géorgie, massacra toute la population, détruisit les églises, profana les temples et les reliques saintes, vénérées par le peuple. Le secours en troupes russes fut remplacé par des propositions d'alliances matrimoniales entre les familles royales russe et géorgienne.

DAVID, FRANCE HÉRITIER

Les ambassadeurs russes Tatichtcheff et Ivanoff, agissant au nom de leur souverain Boris, cherchèrent parmi les prin-cesses et les princes géorgiens un fiancé pour la tsarévna Xénia-Boris-sovna et une fiancée pour son frère.

Le roi Vakhtang consentit à marier sa fille Hélène au tsarevitch, mais la retint auprès de lui jusqu'à sa majorité. Boris mourut bientôt après ; des troubles éclatèrent à Mos-cou, les pourparlers d'amitié et d'alliance avec la Géorgie furent encore arrêtés pour ne reprendre qu'à l'avénement du tsar Michel. Du dix-septième au dix-huitième siècle, les rois géorgiens avaient plus d'une fois prêté serment de fidélité aux souverains de Russie, mais ce fut surtout sous le règne d'Iracli II (1781-1793), que la domination des Russes au Caucase fit de grands progrès. Iracli fut véritablement un roi majestueux, un capitaine sans égal. Il rendit à la Géorgie des jours heureux. Afin de lui assurer la paix extérieure, Iracli II, roi de Karthlie et de Kakhétie, qui avait soutenu la Russie dans sa campagne contre les Turcs, conclut en 1783, avec l'impératrice Catherine II, un traité en vertu duquel il se constituait vassal de la Russie, se réservant le droit : d'assurer le trône de la Géorgie à la dynastie des Bagratides, de maintenir l'indépendance de l'Eglise géor-gienne avec un katholikos, de frapper monnaie et d'avoir une administration intérieure indépendante.

Les Etats musulmans et les montagnards qui ravageaient la Géorgie à tour de rôle furent vivement inquiets de cette alliance. Le féroce chah de Perse, Aga-Mahomet-Khan, eunuque de Nadir, se vengea cruellement d'Iracli en dévas-tant complètement son royaume (1795). La Géorgie ne s'était pas encore relevée de ce désastre que le roi Iracli mourut (1798). Il laissa un souvenir impérissable, et fut chanté par le peuple comme le héros du Caucase.

Son fils, Georges XII, lui succéda ; il fut confirmé sur le trône par l'empereur Paul, d'après l'art. 3 du traité de 1783, et David (1), fils de Georges, fut reconnu son héritier pré-

(1) Voir *Litt.* p. 103.

somptif. Les discordes intestines que provoquent toujours la succession à la couronne, obligèrent Georges XII à prier l'empereur Paul de reconnaître les Géorgiens sujets russes et de déférer le titre de roi à l'héritier présomptif du trône et à ses successeurs.

Ce dernier vœu de Georges XII ne se réalisa pas et, en 1801, le 12 septembre, sous le règne d'Alexandre Iᵉʳ, la Géorgie fut annexée à la Russie.

Le général-lieutenant Knorring fut nommé gouverneur gé‑néral du pays. Le prince David, qui régnait provisoirement, attendant le moment d'être confirmé sur le trône par l'em‑pereur de Russie, d'après la volonté de son père et selon le traité de 1783, fut envoyé en Russie.

Le manifeste d'Alexandre Iᵉʳ explique suffisamment les causes qui ont renversé le trône de Géorgie : « La force des circonstances et la voix du peuple géorgien nous ont déter‑miné à ne pas abandonner, ni livrer aux ravages, un peuple coreligionnaire qui a, par traité, confié ses destinées à la puissante protection de la Russie ».

Par un édit de l'empereur au Sénat, la Géorgie fut trans‑formée en province russe, partagée en cinq districts et con‑fiée au gouverneur, commandant en chef, Knorring II. Un an après, il fut remplacé par le général, prince Tsitsianof, géorgien russifié, sous le gouvernement duquel le suzerain de la Mingrélie (Grégoire), le prince Dadiani, se constitua aussi vassal de la Russie, en 1804. Le dernier souverain de la Mingrélie, le prince David Dadiani, mourut en 1853. Il laissa une fille, la princesse Salomé, et deux fils, les princes Nicolas et André. Ces derniers n'ayant pas encore atteint leur majorité, l'administration du pays fut confiée à leur mère, la princesse Catherine, en 1857. Elle abdiqua ensuite et remit définitivement le gouvernement de son pays à la Russie (1.) Mamia Gouriéli ne prêta serment à la Russie

(1) De son vivant elle fit marier sa fille, la princesse Salomé, au prince français Achille Murat, qui a laissé une fille et deux fils, dont un est actuellement au service militaire en France.

qu'en 1810 ; la Gourie alors se mit en rapports de vassalité envers la Russie. La même année, l'Imérétie fut annexée aux possessions russes, et, de royaume, devint province ; son dernier roi, Salomon, s'enfuit en Turquie où il mourut (1815). Ce fut ainsi qu'une partie du royaume de la Géorgie s'unit peu à peu à la Russie. D'année en année, la civilisation et la langue russe s'y répandirent et s'y affirmèrent.

En 1829, un gymnase fut fondé à Tiflis et les règlements des écoles de la Transcaucasie furent édictés. L'Eglise géorgienne orthodoxe fut soumise au Saint-Synode ; la dignité de Katholikos fut confiée à un exarque d'origine russe.

En 1846, par la décision du pape Pie IX, d'accord avec l'empereur de Russie Nicolas Ier, les Géorgiens catholiques ainsi que ceux du Caucase, furent soumis à la juridiction de l'archevêque de Moghilev, aujourd'hui à la direction de l'évêque de Tiraspol, à Saratov.

* *

D'après ce court aperçu de l'histoire de la Géorgie on peut voir par combien de vicissitudes ce peuple a passé : son pays mis sans cesse à feu, pillé et ravagé.

Le feu et le fer semblent être un état tout naturel, normal dans l'existence de cette nation.

C'est un fait digne d'étonnement que cette poignée d'hommes, au milieu de troubles, de désordres, d'invasions de toutes sortes de peuples, ait conservé non seulement son individualité nationale, mais encore sa foi, sa littérature et sa langue. Après tant de secousses violentes, ce peuple a survécu aux puissantes nations de l'antiquité ; avec son système de gouvernement, tout original, et son organisation féodale toute particulière, sans aucune défense ni aucun secours, avec de rares échappées de gloire et de puissance, il est arrivé au seuil du dix-neuvième siècle, et là il a déposé les armes devant une puissance, sa coreligionnaire, confiant ses destinées à sa générosité, assuré de pouvoir profiter de la paix dont il jouit maintenant pour se développer intellectuellement et participer à la civilisation européenne.

LITTÉRATURE GÉORGIENNE

Langue Géorgienne.

Le territoire sur lequel est répandu le groupe des langues ibériennes ou karthvelles (géorgiennes) est connu, dès la plus haute antiquité, sous le nom d'Ibérie, de Gourdgistan, de Géorgie (Grousie). A la meilleure époque de son histoire, sous le règne de Thamar, la Géorgie comprenait une partie de l'Albanie, la Kakhétie, la Karthlie, la Colchide, la Meskhétie et le Tao de Strabon ou le Taoscari géorgien, jusqu'à Trapesounde (Trébizonde). Sur toute cette étendue on parle les langues du groupe ibérien, auquel se rattachent le géorgien, le mingrélien, le laze et le svane. Les rapports du groupe ibérien avec les familles de langues déjà établies ne sont pas encore précisés. Boppe et Brosset (1) les rattachent à la famille indo européenne; Max Müller les rapporte à la famille touranienne; Frédéric Müller a formé des langues ibériennes un groupe indépendant et, se servant du terme géographique, les a nommées « langues caucasiennes ».

Les langues caucasiennes, à leur tour, se subdivisent en trois classes : langue des montagnards occidentaux, langue des montagnards orientaux et langue ibérienne; mais aucun

(1) Voir page 111.

lien de parenté entre ces idiomes n'est positivement établi.

Tous les ouvrages de la langue géorgienne, qui nous sont parvenus, se rapportent à l'ère chrétienne de Géorgie. Le plus ancien est l'Evangile de Ksan (sur parchemin), remontant au sixième siècle, ainsi que l'a établi le philologue géorgien, D. Bakradzé.

La traduction de l'Evangile, et en général des livres religieux, a créé une langue littéraire qui se rapproche plus de l'ancienne langue courante que de celle qui est parlée actuellement. En se développant lentement, parallèlement avec le peuple, la langue géorgienne a subi diverses influences. A la suite de nombreuses transformations, cette langue, une à l'origine, s'est scindée, avec le temps, en plusieurs dialectes locaux, tels que le gouri-iméréte, le karthlie-kakhéte, le pchave-khevsour, le *mesque-l'inguiloï*. Parmi les influences extérieures, la plus grande revient à l'ancienne langue persane, qui transmet au géorgien un grand nombre de termes administratifs. Vient ensuite l'influence hellénique, devenue surtout sensible après les traductions en géorgien des livres religieux, et des compositions théologiques et morales grecques. Les relations avec d'autres peuples de l'Orient et de l'Occident introduisirent dans le géorgien beaucoup de mots sanscrits, latins, arabes, arméniens, turcs, mais il faut remarquer qu'en général la Géorgie occidentale subit plus l'influence de la Turquie, et la Géorgie orientale, celle de la Perse. Depuis la domination des Russes et la propagation de la civilisation européenne au Caucase, les Géorgiens s'assimilèrent beaucoup de mots étrangers, relatifs aux sciences, aux arts, à l'art militaire, à l'administration, à la vie sociale et privée.

La littérature géorgienne comprend deux parties distinctes : les compositions orales ou populaires et les ouvrages écrits ou littéraires.

Ces derniers, à leur tour, se subdivisent en quatre périodes : la période ancienne ou préparatoire, du cinquième au neuvième siècle; la période classique, du dixième au douzième siècle; la période nouvelle, du treizième au dix-huitième siècle et, enfin, la période moderne, du commencement du dix-neuvième siècle jusqu'à nos jours.

Avant d'examiner ces quatre périodes, arrêtons-nous un moment sur l'origine de l'alphabet géorgien. Les Géorgiens ont deux alphabets : le *mkhédrouli* (alphabet civil) et le *khout-souri* (alphabet ecclésiastique). Il existe deux opinions sur leur origine : au dire des Annales géorgiennes « Karthlis-Tskho-vréba », ce serait le premier roi de Géorgie, Pharnavaz, qui aurait introduit l'alphabet géorgien (au IIIe siècle av. J. C.); mais les Chroniques n'indiquent pas si c'est le « mkhé-drouli » ou le « khoutsouri ».

Les historiens arméniens du cinquième siècle, Corune et Moïse de Khorène, affirment que Mesrop, qui inventa et compléta l'alphabet arménien, fut aussi l'inventeur de l'alphabet géorgien. S'il en était ainsi, comment les chroniqueurs géorgiens n'auraient-ils pas fait mention d'un pareil service rendu à leur nation? Cette omission éveille naturellement des doutes sur l'authenticité de ce témoignage. J. L. Okromtchedlof, dans son article : « De l'origine de l'alphabet géorgien », a fortement ébranlé, par des données historiques, la croyance à l'invention par Mesrop de l'écriture alphabétique géorgienne, en faisant remarquer avec raison que, comme l'inventeur ne connaissait pas la langue géorgienne, il lui était difficile de trouver des signes pour rendre les sons d'un idiome inconnu. Le vénérable professeur, en comparant les signes alphabétiques du « mkhédrouli » avec ceux de la langue zend et ceux du « khoutsouri », se persuada que le « mkhédrouli » avait été emprunté à l'alphabet zend et que le « khoutsouri » se forma plus tard du « mkhédrouli ».

Voici les conclusions que M. Okromtchedlof tire de son ouvrage :

1° L'écriture alphabétique fut introduite en Géorgie par le roi *Pharnavaz*, à la fin du quatrième siècle ou au commencement du troisième siècle avant Jésus-Christ.

2° Le « khoutsouri » (l'alphabet religieux) n'est qu'une transformation du « mkhédrouli »;

3° Si même Mesrop a pris une certaine part à l'invention des signes de l'alphabet « khoutsouri », son influence dut se borner à remplacer par des lignes droites les contours arrondis des lettres de l'alphabet civil.

Les invasions étrangères et les ravages incessants, qui désolèrent la Géorgie à l'époque antérieure à l'introduction du Christianisme, firent disparaître tous les monuments littéraires de la période païenne et arrêtèrent le développement progressif du peuple géorgien, qui venait d'entrer en relations avec les pays civilisés de cette époque : la Perse, la Grèce et Rome.

L'introduction du Christianisme en Géorgie, au quatrième siècle, par *sainte Nine*, contribua puissamment au développement du pays. En soustrayant la Géorgie à l'ascendant de l'Orient païen, le Christianisme la soumit à l'influence de l'Occident chrétien et la mit en rapport avec Byzance, dépositaire du feu sacré, allumé par les anciens Grecs et Romains. Beaucoup de Géorgiens ayant fait leurs études à Byzance, la seule pépinière de la civilisation à cette époque, fondèrent des écoles dans leur patrie et découvrirent à leurs compatriotes les trésors littéraires légués aux Byzantins par les anciens. Une société de moines, au mont Athos, entreprit la traduction des Saintes-Ecritures et des ouvrages des saints Pères.

Parmi les hommes célèbres qui firent leurs études à Byzance et au mont Athos, et furent ensuite des écrivains religieux et profanes, on peut citer : *Jean Petrissy*, dit le Philosophe, qui traduisit les ouvrages de Platon et d'Aristote ; *Chotha Roustavéli*, d'origine meskh (XIIe siècle), sous le règne de Thamar, et qui, dans son célèbre poème : *la Peau de Léopard*, fit preuve d'une large et profonde instruction jointe à un grand talent littéraire.

Petrissy créa la langue scientifique et Chotha Roustavéli porta au plus haut degré l'harmonie et la souplesse de la langue poétique. Eutime et *Georges Mtatsminedéli*, dans leurs traductions et leurs œuvres religieuses, perfectionnèrent le style narratif, en le rendant énergique, coulant et facile.

ALPHABET CIVIL

a   b   g   d   e   v   z   h   th   i   k   l   m   dz ts o   p   j
r   s   t   ou v   ph kh gh q   ch tch tz h   h   dch kh kh
dj h   h

ALPHABET RELIGIEUX

Si nous consultons les Annales géorgiennes, il nous est
resté du sixième siècle un fragment de l'Évangile faite au
quatrième. Les fragments d'un livre de psaumes sur papyrus
et d'un martyrologe remontent au septième siècle.

Le onzième siècle nous a légué des sermons, des recueils
et des missels. En 978, au mont Athos, fut achevée une
traduction de la Bible qui fut imprimée pour la première fois,
en 1742-43, à Moscou, sous le contrôle des princes *Bakar* et
Vakhouchti, fils de *Vakhtang VI*. Les couvents ibériens
du mont Athos, du mont Sinaï, en Palestine et en Syrie,
qui conservèrent leur importance jusqu'à nos jours, devinrent
des centres d'instruction et de propagande littéraire.

Dans la Géorgie même, la civilisation se concentre aussi
dans les couvents d'*Opisi*, *Chatbéri*, *Chio Mgvimé*, *Ga-
rédja*, *Ghélati* et autres, où fut recopié un Évangile du
douzième siècle avec des miniatures admirablement exécu-
tées. En dehors des livres de théologie et de philosophie,
Byzance transmit aussi à la Géorgie toute une série de

compositions apocryphes, dont les plus connues sont : les *Poésies sur Georges le Martyr ; — Enfance de Jésus-Christ ; — Visite de la Vierge dans l'enfer*, et d'autres.

A l'influence byzantine vint bientôt se joindre l'influence des Arabes et des Perses. Les premiers importèrent les sciences positives : mathématiques et astronomie (au huitième siècle, ils établirent déjà un observatoire à Tiflis). Les Perses enrichissent la littérature géorgienne d'une série de compositions en prose et en vers, traduite du persan. La civilisation géorgienne parvient à son apogée au douzième siècle, à l'époque du règne de Thamar (1184-1211) qui, par ses guerres victorieuses, assura à la Géorgie la prépondérance politique dans toute l'Asie-Mineure et dans tout le Caucase.

Le règne de Thamar est marqué par l'éclosion d'œuvres d'écrivains fameux tels que les poètes *Chota Roustavéli, Tchakhroukhaẓé*, qui célébrèrent Thamar dans leurs poèmes ; et les prosateurs : *Moïse Khonéli* et *Sarghis Tmogvéli*, l'auteur du poème héroïque : *Amirane-Darédjaniani* et du roman *Visramiani*, que l'on a souvent comparé à la *Nouvelle Héloïse* de J. J. Rousseau.

Roustavéli est le plus grand poète géorgien du douzième siècle. On n'a que peu de renseignements sur sa vie et encore sont-ils, dans la plupart des cas, peu authentiques. Son nom, Chota, abrégé de Achoth, ne se trouve point dans le calendrier chrétien. Le surnom de Roustavéli lui vient de son village natal, *Roustavi* (dans le district d'Akaltsikhé, du gouvernement de Tiflis). Il acheva son instruction en Grèce et fut quelque temps trésorier de la reine Thamar (nous avons sa signature sur un acte de 1190). Connaissant les poèmes d'Homère, la philosophie de Platon, la littérature persane et arabe, la théologie, les éléments de la poésie et de la rhétorique, Roustavéli se voua à la littérature et écrivit un poème intitulé : *la Peau de Léopard* (ou, plus correctement, l'homme revêtu de la peau de léopard), le plus bel ornement et l'orgueil de la littérature géorgienne. Epris, sans espoir, de son auguste souveraine, Roustavéli termina modeste-

CHOTHA ROUSTAVÉLI

ment sa vie dans une cellule de couvent. *Timothée*, métro-politain géorgien du dix-huitième siècle, a vu à Jérusalem, dans l'église de la Sainte-Croix, fondée par des rois géorgiens, la tombe et le portrait de Roustavéli revêtu d'un silice.

Une légende raconte que Roustavéli, épris de la reine, épousa cependant une certaine Nine ; bientôt après son mariage, il reçut, de la dame de son culte idéal, l'ordre de traduire en géorgien une œuvre littéraire qui lui avait été offerte par un chah vaincu. Il remplit brillamment cette mission, mais refusa toute récompense. Huit jours après, on trouva son cadavre décapité. Il existe encore un grand nombre de légendes au sujet des rapports qui existèrent entre Roustavéli et la reine Thamar.

Le poème de *la Peau de Léopard* contient 1.637 strophes en vers de seize pieds (d'après l'édition de l'académicien Brosset). Il nous est parvenu en nombreux manuscrits, avec une quantité d'annotations et d'additions et avec une suite connue sous le titre d' « Omaniani ». L'absence des manuscrits pri-mitifs du poème, ceux datant de sa création, ne peut s'expli-quer que par les désastres que la Géorgie a eu à subir et par les persécutions du clergé qui trouvait cette œuvre laïque contraire à l'humilité chrétienne. Le katholikos Jean persé-cuta le poète du vivant même de la reine qui le protégeait. Au dix-huitième siècle, le patriarche Antoine Ier, écrivain instruit, fit brûler publiquement plusieurs exemplaires du poème imprimé, en 1712, par les ordres du roi Vakh-tang VI.

Où Roustavéli a-t-il puisé le sujet de son œuvre ? Cette question reste encore ouverte. Trois opinions ont été émises à ce sujet. La première ne fait que répéter l'affirmation même de Roustavéli, qui prétend n'avoir fait que traduire en vers un conte persan (voir la 16e strophe) qu'il a légué à la postérité comme une perle précieuse, reliquaire de sa race. Cependant, malgré les recherches les plus minutieuses, le texte persan n'a jamais été retrouvé. La seconde opinion a

été mise en avant par le professeur *David Tchoubinoff* (1).
qui cherche à prouver que Roustavéli n'a point emprunté
le sujet de son poème aux orientaux, mais qu'il l'a créé pour
célébrer la reine Thamar.

La troisième opinion a été émise par *A. Khakhanoff* qui,
en comparant les vers de Roustavéli avec ceux des chansons
populaires sur Tariel, suppose que ce poème a pour base la
poésie populaire, comme *Faust* et *Hamlet*, dont les sujets
sont empruntés aux traditions populaires du moyen âge.
Roustavéli s'est servi de la légende pour caractériser une
époque historique. En comparant les chansons de Tariel au
poème de Roustavéli, dont Tariel est le héros principal, on
demeure convaincu de l'identité incontestable du sujet et des
détails de ces deux ouvrages.

D'un autre côté, l'analogie de la vie de Thamar avec les
événements retracés dans le poème de Roustavéli donne
lieu de croire que l'héroïne, Nestane-Darédjane, n'est autre
que Thamar elle-même.

On peut présumer que c'est avec intention que l'auteur a
transporté l'action de son poème dans un lieu idéal, l'Inde,
l'Arabie, la Chine, afin de dérouter les suppositions et de ca-
cher un amour « auquel il n'y avait point de remède ».

Le sujet du poème est bien connu : c'est un sujet roma-
nesque ; le héros et l'héroïne sont en butte aux persécutions
du sort et, après maintes difficultés, réussissent à se marier
et finissent par jouir d'un bonheur chèrement acheté.

Le principal personnage est Tariel, prince beau et brave;
il s'est épris de la fille du roi des Indes, la belle Nestane-
Darédjane, qui partage l'amour de son fol adorateur. Mais
le héros n'ose pas demander au roi la main de sa fille que
celui-ci se propose de marier au prince de Khvarasmie.

Accablé de reproches par Nestane, dans une entrevue se-
crète, Tariel pénètre dans les appartements du royal fiancé
et le tue pendant son sommeil. Nestane, qu'on suppose être

(1) Voir page 112.

l'auteur du crime, est mise dans une barque et abandonnée en pleine mer ; après avoir passé par de terribles épreuves, elle tombe chez les Kadjis qui l'enferment dans une forteresse inaccessible. Cependant, Tariel quitte l'Inde pour aller retrouver sa bien-aimée. Mais toutes ses recherches sont vaines ; désespéré, il se revêt d'une peau de léopard et s'enferme dans une caverne : c'est là que le trouve le chef de l'armée arabe, Avtandil, qui le cherchait d'après l'ordre de la reine Tinatine. Grâce au secours d'Avtandil et de celui de Pridone, roi de Moulganezar, Tariel parvient à délivrer Darédjane et célèbre pompeusement ses noces avec elle, tandis qu'Avtandil, revenu en Arabie, épouse Tinatine et hérite du trône de Rostane, son beau-père.

Ici se termine le poème de *la Peau de Léopard*, tel qu'il a été publié par Brosset(1), Tchoupinoff et autres. Mais de même que les poètes cycliques chantaient en détail les hauts faits et les exploits qu'Homère se bornait à indiquer, le poème en question est annoté de suppléments et de remarques qui, ni par leur style, ni par leur développement ne peuvent être attribués à la plume de Roustavéli.

Un style artistement travaillé, une fine analyse psychologique, de sages préceptes largement dispensés, que les Géorgiens, *prononcent encore sept siècles après* avec vénération, voilà ce qui constitue l'importance de ce poème. Roustavéli se prononce contre l'esclavage, proclame l'égalité des sexes (« la progéniture d'un lion restera lion, qu'elle soit mâle ou femelle »). Il fait appel à la beauté et à la libéralité : « Ce que tu as donné est à toi ; ce que tu ne donnes pas est perdu pour toi ».

Il met le mérite personnel au-dessus de la haute origine, préfère une mort glorieuse à une vie honteuse ; il abhorre les menteurs, et dit que « l'imposture et la trahison sont deux sœurs ».

De pareilles maximes rendent ce poème très édifiant pour

(1) Voir page 111.

le peuple et les beautés poétiques du style, le fini du travail technique en font pour les Géorgiens un magnifique et exquis modèle de poésie.

Le poème a été traduit, en entier ou par fragments : en allemand (Leist, « Der Mann im Tigerfelle », Leipzig 1880); en français (Achas Borin, « La Peau de léopard », 1885); en anglais, en russe, en polonnais et en arménien (1).

La période classique de la littérature géorgienne fut suivie d'une époque de décadence, causée par une suite de désastres extérieurs et de troubles intérieurs qui désolèrent la Géorgie : au treizième siècle, la terrible invasion des Mongols et des Khvarasmiens; au commencement du quinzième siècle, l'invasion du cruel Timour; au dix-septième siècle, les barbaries d'Abbas Ier, chah de Perse. Pour comble de malheur, la prise de Constantinople par les Turcs affaiblit l'influence de la Grèce; la Géorgie, privée de l'ascendant salutaire de cette nation chrétienne et policée, cernée de tous côtés par les musulmans, tomba en décadence et se démembra en trois royaumes et cinq principautés (1469).

Ces quatre siècles de rudes épreuves séparent la période classique littéraire de la période de Renaissance, qui embrasse les dix-septième et dix-huitième siècles. Cependant cette ère désastreuse nous a légué une foule d'ouvrages écrits dans les courts intervalles de paix.

C'est un fait véritablement digne d'étonnement qu'au milieu de troubles et d'invasions continuels, cette petite nation, cette poignée d'hommes, ait pu, non seulement garder intact son caractère national, mais encore conserver sa religion, sa littérature et sa langue.

Même l'époque la plus agitée, telle que la période du treizième au dix-septième siècle, nous a laissé de nombreuses traductions et des originaux ; notons une quinzaine d'œuvres terminées en « ani », (terminaison analogue à « ade » : Petriade, Henriade et autres), telles que : la *Dapniciani*,

(1) Édition de luxe, illustrée, in-8°, en géorgien, par Georges Kharthvelichvili, Tiflis.

l'*Amour-Moussouriani*, la *Roussoudaniani*, l'*Amirane-Daredjaniani*, le *Baramiani*, l'*Outroutiani*, la *Camartiani*, la *Saridoniani*, etc.

A cette époque se rapportent aussi quelques monuments de la législation civile et ecclésiastique, tels que les lois du roi Georges V le Brillant (XIV⁰ siècle); les lois de *Beka*, complétées au quinzième siècle par le prince *Aghbougua*, *suzerain du Samtzkhe Saatabago* (district d'Akhaltsikhé, gouvernement de Tiflis). Au treizième siècle, le katholikos Arsène publie des règlements ecclésiastiques; au quatorzième siècle, l'archimandrite Georges traduit, du grec en géorgien, des canons de l'Eglise; au quinzième siècle, à la proposition du katholikos Malakhi, un Concile publie des ordonnances, obligatoires pour tous et confirmées par la signature de onze archevêques. Ces ordonnances et les lois du tsar Georges V, ainsi que celles de l'atabague *Beka* et d'*Agbougui*, firent plus tard partie du code du roi Vakhtang VI.

Terminons l'examen de cette période de quatre siècles par la liste de quelques ouvrages historiques se rapportant à cette époque: Histoire des rois d'Iméréthie, par le katholikos Arsène (XIV⁰ siècle); Description du Samtskhé-Saatabago, par Jean Mangléli (XV⁰ siècle); Destruction de la Géorgie, par *Ismaël*, du katholikos *Doméneti* (XVI⁰ siècle); Vie et actes des princes d'Iméréthie, par le moine *Evdémone*.

L'époque de la Renaissance de l'histoire géorgienne, le siècle d'argent, débuta par les productions littéraires des hautes personnalités : les rois Artchil, Theïmouraz I⁰ʳ, Tehimouraz II, Vakhtang VI, le katholikos *Antoine* et le prince royal Vakhouchti. Artchil, roi de Géorgie et d'Iméréthie, a laissé plusieurs ouvrages poétiques et le poème *Artchiliani*, qui retrace « la vie et les actes » de Theïmouraz I⁰ʳ, roi philosophe et rhéteur. Ce souverain occupe une place importante dans la littérature géorgienne à laquelle il rendit son éclat et sa vigueur d'autrefois; il a traduit en géorgien l'*Histoire* d'Alexandre le Grand, par Pseudo-Kalisthenes; il a rédigé une Chronique d'après des sources russes et grecques et a écrit toute une série de poésies originales; Theïmouraz II, fils d'Iracli Ier, et les princes Jean, David et Theïmouraz, écrivirent des traités sur la théologie, la philosophie, l'histoire et sur différents genres de poésie.

Tous ces poèmes fournissent de précieux matériaux pour l'histoire et sont pénétrés d'un sentiment national élevé; mais cependant ils sont bien loin d'avoir ces beautés poétiques et cette profondeur de pensées philosophiques que renferme le poème de Chotha Roustavéli.

L'œuvre qui couronne la série de productions nationales commencée par le roi *Theïmouraz Ier*, est sans contredit le poème de *David Gouramichvili*, se rapportant au dix-huitième siècle. Inspiré par un vif enthousiasme religieux et un patriotisme sans bornes, il décrit l'état désastreux de la Géorgie, devenue la pomme de discorde entre la Turquie et la Perse, qui la ruinèrent complètement et la mirent à deux doigts de sa perte. Comme le prophète Jérémie, il déplore les guerres civiles des seigneurs féodaux. Son poème raconte fidèlement la vie du roi Vakhtang VI, que les circonstances forcèrent à demander secours à Pierre le Grand et à se rendre en Russie, et qui illustra et immortalisa son nom par sa grande érudition et les services qu'il rendit à sa patrie comme historien, législateur, traducteur et fondateur de la première typographie à Tiflis. Il traduisit aussi Calile et Damné, dont la Pantchaïtre est le prototype, et publia à Tiflis, avec ses propres commentaires, *la Peau de Léopard*.

C'est le savant moine *Saba Soulkhan Orbéliani* qui fut le collaborateur du roi Vakhtang VI; il voyagea beaucoup en Europe, fut deux fois reçu par le roi Louis XIV, fit connaissance avec La Fontaine. De Paris il se rendit à Rome, où il a été reçu par le pape Clément XI. Ayant déjà embrassé le catholicisme avant son départ de la Géorgie, il amena avec lui, à son retour de Rome, douze missionnaires (capucins) pour répandre le catholicisme en Géorgie.

SABA SOULKHAN ORBÉLIANI
(Moine-Prince).

Il composa un dictionnaire et un livre intitulé : *Livre de
la sagesse et du mensonge* — recueil de fables écrites en
pure langue populaire, qui se distinguent par une remar-
quable justesse d'expressions, un mélange de gaieté et de mé-
lancolie, d'esprit et de naïveté, de brusquerie et de sensibi-
lité. Le fils du roi Vakhtang VI, *Vakhoucht*, travailla à
Moscou, où il fit imprimer une édition complète de la Bible,
publia un important dictionnaire russo-géorgien, rédigea une
géographie et une histoire d'après les riches matériaux re-
cueillis par le comité historique sous Vakhtang VI.

LE KATHOLIKOS ANTOINE, PATRIARCHE DE GÉORGIE

Le katholikos *Antoine*, fils de Iéssée, roi géorgien musulman, composa la première grammaire géorgienne, traduisit les Œuvres d'Aristote, la Physique de Wolf, la Philosophie de Beaumeister, l'Histoire d'Alexandre le Grand, de K. Curcia ; composa une théologie, un martyrologe, les biographies des saints géorgiens, et écrivit des Discours rythmés où, en forme poétique abrégée, il décrit les services rendus par les écrivains et les hommes d'État.

Littérature moderne.

LE PRINCE GEORGES ERISTHAVI

Depuis le commencement du dix-neuvième siècle, la littérature géorgienne peut être divisée en deux périodes : 1° celle qui précède la publication du premier journal géorgien *Tsiscari* (l'Aurore); 2° celle qui la suit. Ce journal fut rédigé par le prince *Georges Eristhavi*, premier dramaturge géor-

LE GÉNÉRAL PRINCE GRÉGOIRE ORBÉLIANI

gien et traducteur de Racine. C'est dans ce journal que furent imprimées les œuvres du rédacteur lui-même. Parmi ses comédies on peut citer : le *Partage*, le *Procès*, l'*Avare*, etc. C'est aussi dans ce journal que parurent les poésies du prince *Alexandre Tchavtchavadzé*, dit l'Anacréon géorgien, et les écrits poétiques du prince *Grégoire Orbéliani*, qui dépeignit les majestueuses beautés du Caucase avec une grâce incomparable. C'est là encore que furent insérées les poésies du Byron géorgien, le prince *Nicolas Baratachvili*, poète doué d'un talent surprenant.

La première période fut signalée par les travaux littéraires et scientifiques des fils du dernier roi géorgien, Georges XII.

Mᴳᴿ GABRIEL, ÉVÊQUE D'IMÉRÉTHIE

Ainsi, le prince royal *David* (1) écrivit un abrégé de l'histoire de Géorgie; le prince Jean recueillit les actes diplomatiques du règne de son auguste père; le prince Theimouraz rédigea une histoire de la Géorgie des plus soignées. N'oublions pas le prince Bagrat, qui recueillit les proverbes et les dictons du peuple.

Comme auteurs ecclésiastiques, la première place appartient à l'évêque *Gabriel*, dont les sermons traduits en anglais (2) propagèrent sa réputation bien au delà de sa patrie.

(1) Voir Hist. page 81.
(2) Par le révérend M̶a̶h̶u̶n̶, évêque de Broad-Windsor.
Malan

DIMITRI KIPIANI

A la seconde période se rapportent les ouvrages des princes *Vakhtang Orbéliani* et *Raphaël Eristhavi* et des femmes poètes : les princesses *Nino Orbéliani* et *Barbaré Djordjadʒé*.

Jusque là, la littérature semble être l'apanage de la plus haute aristocratie; mais, à côté des noms illustres, nous allons voir figurer ceux de simples villageois et des gens de toutes les classes de la société.

Parmi ces derniers figure le nom de *Dimitri Kipiani* (1),

(1) Il fut maire de la ville de Tiflis.

LE PRINCE ILIA TCHAVTCHAVADZÉ

traducteur de Shakespeare, et celui de *Daniel Djonkadʒé*, auteur du premier roman dont le sujet ait été emprunté à la vie des paysans attachés à la glèbe, et qui est intitulé : *Souramis-Tsikhé* (« la Forteresse de Sourame »).

Dans la seconde moitié du siècle, la littérature géorgienne perd son originalité sous les nombreuses influences des littératures européennes étudiées par la nouvelle génération de poètes élevés soit à l'étranger, soit en Russie. A la tête de cette nouvelle école se trouve le prince *Ilia* (Elie) *Tchavtchavadʒé*, poète, romancier et fondateur du journal *Sakartvelos Moambé* (Moniteur ou Messager géorgien) qui joua un rôle important. Il publie actuellement le journal *Ivéria*. Son

LE PRINCE AKAKI TSÉRÉTÉLI

collaborateur, le prince *Akaki Tsérétéli* est un poète lyrique hors ligne et auteur de plusieurs pièces dramatiques
qui sont une peinture vivante des mœurs du peuple Il dirige
un journal appelé *Crébouli* (Recueil) où il publie encore les
belles productions de l'ancien génie national de son pays, si
nombreuses, mais malheureusement si peu connues. Autant
le prince Tsérétéli est célèbre comme interprète de la poésie

NICOLAS NICOLATZÉ

nationale géorgienne, autant *N. Nicolatzé* célèbre publiciste et économiste (1), se distingue par ses efforts à répandre l'influence européenne.

(1) Il est actuellement maire de Poti, port sur la Mer-Noire.

LE PRINCE MAMIA GOURIÉLI

Mamia Gouriéli est très connu et reconnu comme poète lyrique.

De même *Georges Tsérétéli*, dont les travaux dans l'archéologie et l'histoire géorgiennes sont d'une grande importance, a publié dans les dernières années plusieurs romans.

Mme CATHERINE GABACHVILI

Madame *Catherine Gabachvili* se rattache à la manière du prince Tchavtchavadzé. Du nombre de ses compositions les plus connues sont : *Cona*, esquisse de la vie des gentils-hommes kakhétiens, et *Nico* (diminutif de Nicolas) le *Victorieux*, dont le héros est un curé de village.

Le prince *Jean Matchabeli* traduisit avec beaucoup de talent les tragédies de Shakespeare, qui eurent un grand succès sur la scène du théâtre georgien.

Parmi les auteurs dramatiques citons : le prince *Raphaël Eristhavi*, *Eugène Tzagaréli* et *Alexandre Kazbek*. Ce der-

DIMITRI BAKRADZÉ

nier est aussi connu comme romancier des montagnards géorgiens ; les plus célèbres de ses romans sont : *Elgoudja*, œuvre poétique et charmante, et le *Parricide*, ouvrage aussi fin de conception qu'artistement travaillé.

Les jeunes frères *Rasikachvili* consacrèrent leur talent poétique à la description de la vie, des mœurs, des coutumes et des sentiments des montagnards. Leurs ouvrages ont été traduits en allemand.

Comme symboliste, mentionnons *Chio Dédabrichvili* et comme réaliste *D. Kladiachvili* ; l'un et l'autre collaborent au journal de *Moambé*.

Parmi les personnes qui ont travaillé pour l'histoire de la

LE PROFESSEUR DAVID TCHOUBINOFF

Géorgie, les plus connues sont *Platon Josséliani*, auteur des livres littéraires: *Dimitri Bakradzé* qui, le premier, a essayé de rédiger l'histoire pragmatique de la Géorgie; il est connu aussi comme auteur des œuvres archéologiques du pays; *Marie-Félicité Brosset*, orientaliste, né à Paris, membre de l'Académie des sciences de Saint-Pétersbourg, qui consacra une grande partie de sa vie à l'histoire de la littérature géorgienne (1).

David Tchoubinoff, professeur à l'université de Saint-

(1) Voir dans la *Bibliographie analytique* les ouvrages de M. Brosset, 1887.

Pétersbourg, t ᵛᵛaille beaucoup pour la langue géorgienne. Parmi ses œuvres remarquables sont · la *Chrestomathie* (recueil) *géorgienne*, la *Grammaire géorgienne*, le *Dictionnaire géorgien-russe-français* et *russe-géorgien*. Il a publié aussi les *Annales géorgiennes*.

Dans l'e seignement, il faut citer : 1° l'auteur des livres (1) des écoles primaires géorgiennes, *Jacques Goguébachvili ;* 2° madame *Anastasie Tsérétéli*, ayant créé le journal des enfants, *Djédjili* (germinaison).

Cet aperçu, à vol d'oiseau, a pour but d'éveiller la curiosité des lecteurs pour notre histoire et notre littérature, car le peu de temps et de place, dont nous disposons en ce moment ne nous permet d'exprimer qu'en traits généraux, sinon convaincants, le courage, l'héroïsme, la fermeté religieuse et les autres qualités louables de notre race.

(2) *Déda éna* (langue maternelle), premier livre de lecture et *Bounébis Kari* (porte de la nature), second livre de lecture, sont considérés comme les meilleurs manuels de la langue géorgienne, ainsi que *Rouskoé slovo* (la parole russe), pour l'enseignement du russe.

www.ingramcontent.com/pod-product-compliance
Lightning Source LLC
Chambersburg PA
CBHW052127090426
42741CB00009B/1978